AFRIKA-KARTENWERK

Serie E, Beiheft zu Blatt 13

AFRIKA-KARTENWERK

Herausgegeben im Auftrage der Deutschen Forschungsgemeinschaft
Edited on behalf of the German Research Society
Edité au nom de l'Association Allemande de la Recherche Scientifique
von / by / par Ulrich Freitag, Kurt Kayser, Walther Manshard,
Horst Mensching, Ludwig Schätzl, Joachim H. Schultze †

Redakteure, Assistant Editors, Editeurs adjoints: Gerd J. Bruschek, Dietrich O. Müller

Serie, Series, Série N
Nordafrika (Tunesien, Algerien)
North Africa (Tunisia, Algeria)
Afrique du Nord (Tunisie, Algérie)
Obmann, Chairman, Directeur: Horst Mensching

Serie, Series, Série W
Westafrika (Nigeria, Kamerun)
West Africa (Nigeria, Cameroon)
Afrique occidentale (Nigéria, Cameroun)
Obmänner, Chairmen, Directeurs: Ulrich Freitag, Walther Manshard

Serie, Series, Série E
Ostafrika (Kenya, Uganda, Tanzania)
East Africa (Kenya, Uganda, Tanzania)
Afrique orientale (Kenya, Ouganda, Tanzanie)
Obmänner, Chairmen, Directeurs: Ludwig Schätzl, Joachim H. Schultze †

Serie, Series, Série S
Südafrika (Moçambique, Swaziland, Republik Südafrika)
South Africa (Mozambique, Swaziland, Republic of South Africa)
África do Sul (Moçambique, Suazilândia, República da África do Sul)
Obmann, Chairman, Director: Kurt Kayser

GEBRÜDER BORNTRAEGER · BERLIN · STUTTGART

AFRIKA-KARTENWERK

Serie E: Beiheft zu Blatt 13
Series E: Monograph to Sheet 13
Série E: Monographie accompagnant la feuille 13

E 13

Redakteur, Assistant Editor, Editeur adjoint: Gerd J. Bruschek

H.-Rasso P. Ruppert

Verkehrsgeographie — Ostafrika (Kenya, Uganda, Tanzania) 2° N—2° S, 32°—38° E

Transportation Geography — East Africa (Kenya, Uganda, Tanzania)

Géographie des transports — Afrique orientale (Kenya, Ouganda, Tanzanie)

Verkehr

Mit 2 Figuren und 15 Tabellen im Text und auf 1 Ausschlagtafel
sowie Summary und Résumé

1981

GEBRÜDER BORNTRAEGER · BERLIN · STUTTGART

Für den Inhalt der Karte und des Beiheftes sind die jeweiligen Autoren verantwortlich.

Gedruckt im Auftrage und mit Unterstützung der Deutschen Forschungsgemeinschaft sowie mit Unterstützung (Übersetzungskosten) durch das Bundesministerium für Wirtschaftliche Zusammenarbeit (BMZ).

Publishers: Gebrüder Borntraeger, Berlin · Stuttgart

Umschlagentwurf: G. J. Bruschek, D. O. Müller
Satz und Druck: H. Heenemann GmbH & Co, D-1000 Berlin 42 — Printed in Germany

ISBN 3 443 28326 8

Inhalt

Verzeichnis der Figuren

Verzeichnis der Tabellen

Contents

List of Figures

List of Tables

Table des matières

Table des figures

Table des tableaux

Verzeichnis der Abkürzungen

EAA	East African Airways Corporation
EAH	East African Harbours Corporation
EAR	East African Railways Corporation
EAR&H	East African Railways and Harbours Corporation
EAS	East African Shipping Line
EATS	East Africa Transport Study
KENATCO	Kenya Transport Company, Ltd.

1 Vorbemerkung und Überblick

Das vorliegende Heft ist in erster Linie als Begleitband zum Blatt 13 der Serie E des AFRIKA-KARTENWERKES gedacht. Dieses erscheint 1981 (bei der Gebrüder Borntraeger Verlagsbuchhandlung, Berlin · Stuttgart) unter dem Titel: „AFRIKA-KARTENWERK, Serie E Ostafrika (Kenya, Uganda, Tanzania), Blatt 13 Verkehrsgeographie" und gibt für den dargestellten ostafrikanischen Teilraum Standorte und Verläufe der Verkehrsinfrastruktur wieder und macht Angaben über Intensitäten von Verkehrsströmen und Belastungen von Verkehrseinrichtungen. Autoren der Karte sind E. WEIGT und der Verfasser dieses Beiheftes.

Es ist ein Charakteristikum verkehrsgeographischer Strukturen und Prozesse, daß sie, vielleicht mehr als andere, in gesamtvolkswirtschaftliche Bezüge räumlicher und organisatorischer Art eingebettet sind. Die isolierte Betrachtung des in der Karte E 13 dargestellten Teilraumes ist nur bedingt möglich. Die Organisation und die Abläufe des Verkehrsgeschehens müssen ohne ihre Einordnung in den größeren umgebenden Raum unverständlich bleiben. Dies ist der Grund dafür, warum das vorliegende Heft zumeist einen Bezugsrahmen sucht, der über den Darstellungsbereich der Karte E 13 hinausgeht. Es beschränkt sich nicht auf eine Diskussion der Karteninhalte, sondern versucht auch, zumindest in groben Zügen, die räumliche Organisation und Struktur des Verkehrswesens von Ostafrika insgesamt zu erfassen.

Der dabei erzielte Datenstand erscheint aus heutiger Sicht nicht immer als befriedigend. Seit der Fertigstellung des Kartenentwurfes (im wesentlichen Frühjahr 1973) bis zur Konzipierung des Beiheftes (Anfang 1978) sind fünf Jahre vergangen. Noch größer ist die Zeitspanne seit Beendigung der konsequenten Materialsammlung (Anfang 1970). Die Intensität der Datensichtung und -auswertung hat in der Zwischenzeit erheblich nachgelassen; Kontakte sind abgebröckelt. Hinzu kommt, daß durch politische Veränderungen und die Umorganisation des Verkehrswesens in Ostafrika auch der Informationsfluß aus dem Untersuchungsgebiet seit mehreren Jahren merklich ausdünnt. Widersprüchliche Angaben sind keine Seltenheit. Partiell gibt es überhaupt keine Daten mehr. Einigermaßen verläßliche Aussagen sind nur für den Zeitraum des Kartenstandes möglich. Aussagen über neuere Entwicklungen lassen in Quantität und Qualität stark nach.

Als besonders nachteilig wird empfunden, daß die Karte beim (terminlich befristeten) Abfassen dieses Begleittextes in ihrer endgültigen Form noch nicht vorliegt. So trägt der Verfasser wohl die Mitverantwortung für die wesentlichen Karteninhalte und ihre Konzipierung; der Gesamteindruck des kombinierten Zusammenwirkens aller enthaltenen Elemente ist ihm jedoch nicht gegenwärtig, zumal einige Bestandteile aus anderen Quellen übernommen werden. Die Unsicherheit geht sogar noch weiter. Die redaktionelle Abstimmung zwischen allen Verkehrskarten des Afrika-Kartenwerkes ist, bedingt durch das zeitliche Auseinanderklaffen von deren Entwürfen, noch nicht abgeschlossen, so daß über einzelne Darstellungsmodi noch nicht einmal endgültig entschieden ist.

Am Anfang des Beiheftes sind zunächst Hinweise über die Karte allgemein, über den dargestellten Ausschnitt und die Karteninhalte sowie über Beschaffung, Stand und Qualität der verwendeten Daten gegeben. Daran schließt sich ein Überblick über die wichtigsten Verkehrsarten in Ostafrika und über die Stellung des Verkehrssektors in den ostafrikanischen Volkswirtschaften an. Das folgende Hauptkapitel beschreibt die Entwicklung und räumlichen Muster sowie das Leistungsangebot und die Belastung von Verkehrsinfrastruktur und Transportsystemen. In seinem letzten Abschnitt wird speziell auf das Verkehrsaufkommen im Darstellungsbereich der Karte E 13 eingegangen. Das abschließende Kapitel versucht, neuere Entwicklungen im ostafrikanischen Verkehrswesen aufzuzeigen.

2 Allgemeines zur Karte E 13 des Afrika-Kartenwerkes

2.1 Zum Kartenausschnitt

Der auf der Karte E 13 des Afrika-Kartenwerkes im Maßstab 1 : 1 000 000 wiedergegebene Raum wird durch die Koordinaten 2° N und 2° S sowie 32° E und 38° E umgrenzt und beinhaltet damit im wesentlichen den nordöstlichen Teil des ostafrikanischen Seenhochlandes.

Im einzelnen umfaßt die Karte den Nordostsektor des Victoriasees mit seiner randlichen Beckenlandschaft sowie das östlich daran anschließende Vulkanhochland mit dem zentralen, von Nord nach Süd streichenden und das Gebiet teilenden ostafrikanischen Graben. Damit werden Teilbereiche aller drei ostafrikanischen Staaten betroffen, und zwar der Südosten Ugandas (südliche Ostregion und östliches Buganda), der Südwesten Kenyas (Westprovinz, Nyanza, südliches Rift Valley, Zentralprovinz, Nairobi, westliche Ostprovinz) und ein kleiner Abschnitt des nördlichen Grenzraumes von Tanzania (Mara Region).

Für Uganda und Kenya sind dadurch die wichtigsten ökonomischen Kernräume erfaßt. So liegen die beiden Hauptstädte Kampala im Westen und Nairobi im Südosten des Darstellungsbereiches. Gleichzeitig verläuft die bedeutendste ostafrikanische Entwicklungsachse, repräsentiert durch das gebündelte Auftreten von Infrastrukturlinien, mitten durch den Kartenausschnitt. Sie schneidet in diesem Raum klimatisch sehr bevorteilte und dicht besiedelte agrare Gunstgebiete, wie die ehemaligen „white highlands" von Kenya und die nördlichen Randgebiete des Victoriasees, und bildet außerdem die Standortgrundlage für eine Reihe industriell und/oder zentralörtlich geprägter Städte verschiedener Größe und Bedeutung. Auch die wichtigsten Energiestandorte Ugandas und Kenyas sowie einige bevorzugte Fremdenverkehrsgebiete liegen im Darstellungsbereich. Seine ökonomische Bedeutung geht indirekt daraus hervor, daß der dargestellte Bereich jeweils nur etwa 30% der Landfläche beider Staaten ausmacht, aber fast die Hälfte der Bevölkerung Ugandas und sogar etwa drei Viertel der Einwohnerschaft Kenyas auf sich konzentriert. Der erfaßte tanzanische Teilraum ist sowohl im Vergleich dazu als auch in Relation zur gesamten tanzanischen Volkswirtschaft ohne Gewicht.

2.2 Zum Karteninhalt

Die Karte gibt Standorte und Verläufe der Verkehrsinfrastruktur wieder und macht Angaben über die Intensitäten von Verkehrsströmen und die Belastung von Verkehrseinrichtungen.

Inhalte und Darstellungsmodi wurden soweit als möglich mit denen der anderen Verkehrskarten des AFRIKA-KARTENWERKES (Karten N 13, W 13 und S 13) abgestimmt. Sie ergaben sich damit im wesentlichen als Kompromiß der jeweils verschiedenen Datensituationen der einzelnen Bearbeiter. Dieser Kompromißlösung mußte jede der Karten gewisse Opfer bringen. Zum Teil ging das primäre Ziel einer möglichst guten Vergleichbarkeit zwischen den Karten auf Kosten der Vergleichbarkeit der Bedeutung der einzelnen Verkehrsarten innerhalb der Karten. So mußten die Intensitäten ihrer Ströme meist aufgrund ganz verschiedener Kriterien (Befahrungsfrequenzen, tatsächliche Transportmengen, potentielle Transportmengen) erfaßt und dargeboten werden. Bei aller Kompromißbereitschaft war eine völlige Übereinstimmung jedoch nicht zu erreichen, so daß die Darstellungen trotz allem in manchen Details voneinander abweichen. Die ursprünglich, insbesondere von J. H. SCHULTZE, angestrebte flächendeckende Wiedergabe regional dominierender „Verkehrsstile" konnte in keinem der Kartenblätter verwirklicht werden.

In der Karte E 13 wurden Straßen-, Schienen-, Schiffs- und Luftverkehr erfaßt. Rohrleitungsverkehr kam im dargestellten Bereich nicht vor. Transportsysteme für elektrische Energie sind in der Karte E 12 (Bergbau-Verarbeitende Industrie-Energie-Fremdenverkehr) des AFRIKA-KARTENWERKES wiedergegeben. Sonstige, insbesondere postalische Kommunikationssysteme blieben (wie in allen anderen Verkehrskarten) unberücksichtigt.

Für den Straßenverkehr enthält die Karte E 13 zunächst das zur Verfügung stehende Infrastrukturnetz, differenziert nach Hauptstraßen, Nebenstraßen und sonstigen Straßen. Seine Darstellung wurde unverändert aus der Karte E 1 (Topographie) des AFRIKA-KARTENWERKES übernommen. Eine Differenzierung nach der qualitativen Beschaffenheit erfolgte nicht. Zusätzlich ist die Stärke von Straßenverkehrsströmen aufgrund der Befahrungsfrequenz anhand von Bändern verschiedener Breite wiedergegeben. Erfaßt wurden dabei Straßen mit einem Mindestverkehrsaufkommen von 100 Kraftfahrzeugen (Summe beider Richtungen) pro Tag. In der Darstellung entspricht eine Frequentierung mit 100—200 Kraftfahrzeugen pro Tag einer Bandbreite von 1 mm. Jeder zusätzliche Millimeter Bandbreite bedeutet weitere 200 Kraftfahrzeuge täglich.

Für den Eisenbahnverkehr zeigt bereits die Grundkarte die Streckenverläufe auf. Die Bahnstationen wurden ergänzt. Als Indikator der Bedeutung der Eisenbahnverkehrsströme diente das Güterverkehrsaufkommen. Es wurde aufgrund der Nettotonnagenbelastung mit Hilfe von Bandsignaturen veranschaulicht, und zwar getrennt nach Richtungen. Eine Mindestbandbreite von einem Millimeter entspricht dabei einer Nettobelastung von bis zu 200 000 t pro Jahr. Jeder weitere Millimeter entspricht weiteren 200 000 t. Dieser Maßstab gilt nicht für die Eisenbahnfähren auf dem Victoriasee. Ihr Transportvolumen wurde entsprechend dem des übrigen Schiffverkehrs ausgewiesen.

Bezüglich des Schiffsverkehrs wurden Hafenorte, soweit es sich nicht um kleine Anlegeplätze ohne nennenswerten Güterumschlag handelte, mit einem Einheitskreissymbol (mit vertikaler Mittelachse und einem Radius von 2 mm) dargestellt. Eine Ausnahme bildet der Hauptumschlagplatz Kisumu, wo der Güterumschlag größenadäquat und nach Richtungen differenziert ausgewiesen wurde. Schiffsrouten sind entsprechend ihres Transportaufkommens in der Güterbeförderung (sofern von Schiffen der EAR&H erbracht) bewertet worden und ebenfalls, getrennt nach Richtungen, mit einer Bandsignatur aufgezeigt. Dabei bedeutet eine jährliche Nettotonnagenbelastung von bis zu 5 000 t 0,1 mm Bandbreite und alle weiteren 5 000 t einen zusätzlichen Zehntelmillimeter. Ausschließlich oder fast ausschließlich im Passagierverkehr tätige Linien kommen nicht zur Geltung.

Die Standorte von Flughäfen, klassifiziert in interkontinentale und andere, konnten aus der Karte E 1 übernommen werden. Sie sind in der Karte E 13 zusätzlich nach der Bedienungshäufigkeit im Linienverkehr differenziert. Ihre Darstellung erfolgte in Form von Kreissignaturen (mit Flugzeugsymbol). Bei der Kreisgröße entsprechen 4 mm^2 einem Start pro Tag im Durchschnitt. Beim Flugverkehr wurden ebenfalls nur linienmäßig beflogene Routen erfaßt, und zwar sofern sie über den Kartenrand hinausgehen, alle Direktverbindungen (nur nach dem Zielflughafen) und innerhalb des dargestellten Bereiches auch alle Non-Stop-Verbindungen. Die Darstellung der Linienflüge erfolgte wiederum mit Hilfe von Bandsignaturen. Ihre Bewertung richtet sich nach dem Angebot an Passagierplätzen. Ein Millimeter Bandbreite entspricht durchschnittlich 350 Passagierplätzen pro Woche. Erfaßt wurde dabei jeweils nur eine Flugrichtung. Ihre Bedeutung entspricht in der Regel der der Gegenrichtung. Für den Fernverkehr wurden die Bänder nach größeren Ziel- (bzw. Quell-)gebieten aufsummiert und den Flugstraßen entsprechend lagegetreu eingezeichnet. Die Zielgebiete des Fernflugverkehrs und für Flugverbindungen im näheren Bereich die Zielflughäfen (mit dem ersten Zwischenlandeplatz) wurden am Kartenrand angegeben.

2.3 Datenbeschaffung, -auswertung, -stand und -qualität

Solange ein endgültiges Konzept der Verkehrskarte(n) nicht feststand, waren Materialsuche und Datensichtung relativ breit angelegt. Feldstudien, durchgeführt von E. Weigt, liefen parallel mit den Erhebungen zur Karte E 12. Vor Ort wurde insbesondere versucht, bei den für Verkehrsangelegenheiten zuständigen Regierungsstellen sowie bei den Verkehrsorganisationen selbst Primärquellen zu erschließen, Originalstatistiken aufzufinden und unmittelbare Auskünfte einzuholen. Die so gewonnene Substanz wurde durch die Sichtung und Auswertung aller zugänglichen und als relevant erscheinenden Veröffentlichungen, Sekundärstatistiken und sonstigen Materialien angereichert. Damit war die Ausgangsbasis geschaffen für konkrete Überlegungen über mögliche Inhalte und Darstellungsmodi und für Diskussionen mit den Bearbeitern der anderen Verkehrskarten. Letztere gingen Hand in Hand mit der Entwicklung verschiedener Entwürfe und zogen sich über einen relativ langen Zeitraum hin.

In der endgültigen Darstellung konnte schließlich nur ein geringer Teil der gesammelten Informationen verwertet werden, und es genügte sogar, sich auf eine sehr begrenzte Zahl von Quellen zu stützen. Für den Straßenverkehr konnte auf unveröffentlichte Ergebnisse von Zählungen, die in Kenya und Uganda 1968 und 1969 im Rahmen des „traffic census" durchgeführt worden waren, zurückgegriffen werden (Kenya Traffic Census, Uganda Traffic Census). Ende 1969 erschien die zehnteilige East Africa Transport Study (EATS 1969 a—j) der Economist Intelligence Unit Ltd., London. Es ist dies eine äußerst umfangreiche und detaillierte Analyse ostafrikanischer Transportsysteme. Sie wurde im Auftrag und mit Unterstützung der Regierungen von Kenya, Uganda und Tanzania durchgeführt und enthält Daten von einer derartigen Quantität und Qualität, wie sie die Autoren der Karte allein nie hätten eruieren können. Diese Daten (Stand 1967) bildeten die Grundlage der Karteninhalte des Eisenbahn- und Binnenschiffsverkehrs. Weniger befriedigend war die Materiallage bezüglich des Flugverkehrs. Hier konnten sich die Autoren im wesentlichen nur mit der Auswertung offizieller Flugpläne (insbesondere ABC WORLD AIRWAYS GUIDE 1970, Stand: Februar 1970) behelfen.

Bei den Straßenverkehrserhebungen in Kenya und Uganda handelte es sich um Querschnittszählungen, bei denen nicht nach Richtungen differenziert wurde. Es ist dabei wie üblich davon auszugehen, daß sich die Frequentierung beider Richtungen (im Tagesablauf) entspricht. Im ugandischen Teilbereich der Karte war an 102, im kenyanischen an 234 Stellen gezählt worden. Die Dichte der Zählpunkte war damit etwa ähnlich. Über die Genauigkeit und die Repräsentativität der Zählungen ist keine Aussage möglich. Sie sind allerdings für den ugandischen Teilbereich höher einzuschätzen als für den kenyanischen. Hier lag für jeden Zählpunkt nur ein manuell ermitteltes Ergebnis vor. In Uganda dagegen war an jedem der Punkte an sieben, über den Zeitraum eines Jahres gestreuten Tagen sowohl manuell als auch automatisch gezählt worden. In die Karte ging der Durchschnitt all dieser Werte ein. Beim kenyanischen Teil fehlten darüber hinaus im Datenmaterial für fünf kleinere Straßenabschnitte die Zählergebnisse. Sie konnten durch Schätzungen ersetzt werden. Für die im tanzanischen Darstellungsbereich gelegenen Straßen waren keine Verkehrszählungen verfügbar. Die höchste Frequentierung ist in diesem Raum für die Strecke von Musoma südwärts nach Mwanza anzunehmen. Sie dürfte zur damaligen Zeit etwa in der Nähe (vermutlich aber eher unter) der Darstellungsschwelle von 100 Kraftfahrzeugen pro Tag gelegen haben.

Die Daten des Eisenbahn- und des Binnenschiffsverkehrs wurden in einer Ganzjahreserhebung von den Autoren der EATS (1969) in Zusammenarbeit mit dem East Africa Statistical Department und der EAR&H erfaßt. Bei den Eisenbahnverkehrsströmen sind dazu die an allen Bahnstationen umgeschlagenen Gütermengen, differenziert nach 20 Warengruppen, nach Herkunfts- und Zielbahnhof ausgewertet worden. Die Differenzierung nach Warengruppen konnte in die Kartendarstellung nicht aufgenommen werden. Ebensowenig war es möglich, die Veränderungen der Verkehrsströme an allen Umschlagplätzen (die Karte beinhaltet über 100 Haltestellen) auszuweisen. Ausgehend von der im wesentlichen wohl realistischen Modellvorstellung, daß der von kleineren Haltestellen ausgehende Güterverkehr bis zum nächsten größeren Bahnhof mit Nah- bzw. Sammelzügen transportiert und dort auf Durchgangszüge umgeladen wird, wurde das Gütervolumen der zahlreichen kleinen Haltestellen dem jeweils nächstgelegenen größeren Umschlagsplatz zugerechnet. Die in der Karte eingezeichneten Verkehrsströme ergeben sich damit genaugenommen zwischen einzelnen „Verkehrszonen", d. h. den größeren Bahnstationen einschließlich ihrer jeweiligen Einzugsbereiche im schienengebundenen Güternahverkehr.

Beim Binnenschiffsverkehr bestand die Möglichkeit der Darstellung von Befahrungsfrequenzen im Linienverkehr, von beförderten Personen oder von transportierten Gütermengen. Aus mehreren Gründen wurde für die letzte der Alternativen entschieden, obwohl gerade diesbezüglich die Datensituation am ungünstigsten war. Erhebungen über das Transportvolumen waren nämlich nur für Schiffe der EAR&H durchgeführt worden. Diese Flotte macht wohl einen beträchtlichen, insgesamt aber nicht genau bekannten Anteil des Gesamtbestandes an Frachtschiffen auf dem Victoriasee aus. Dementsprechend können die Angaben der Karte auch keinen Anspruch auf Vollständigkeit erheben. Im einzelnen standen für jeden Hafen der Güterumschlag sowie für jedes der größeren (eigenmotorisierten) und die Summe der kleineren (Schleppkähne) Schiffe die pro Jahr umgeschlagenen Tonnagen nach Ziel- und Herkunftshafen zur Verfügung. Mit Hilfe dieser Daten war es problemlos möglich, die Belastung der einzelnen Routen getrennt nach Richtungen zu errechnen.

Für die Darstellung luftverkehrsbezogener Inhalte bedeutete es einen Nachteil, daß Angaben über das tatsächliche Fluggastaufkommen nach Routen nicht erhältlich waren, weder für den Linien- noch für den Charterverkehr. Damit war es zumindest für den Charterverkehr von vornherein unmöglich, irgendwelche verläßlichen Aussagen zu machen. Dies ist um so mehr zu bedauern, da dieser Verkehrszweig im Rahmen des ostafrikanischen Tourismus wachsende Bedeutung besitzt. Für den Linienverkehr wurde versucht, die aus offiziellen Flugplänen entnehmbaren Daten durch Auskünfte einzelner Fluggesellschaften zu ergänzen und in kartographisch auswertbare und dem Gesamtkonzept der Karte etwa entsprechende Informationen umzusetzen. Grundlage bildete die Erfassung aller von Flugplätzen im Kartenbereich ausgehenden Linienflüge. Sie entsprechen in der Regel auch den ankommenden Flügen. Damit war zunächst eine sichere Aussage über die Frequentierungshäufigkeit der einzelnen Plätze möglich. Von der Verwendung desselben Kriteriums zur Charakterisierung der Bedeutung der einzelnen Routen wurde abgesehen. Es sollte vielmehr eine den anderen Verkehrskarten, die das tatsächliche Fluggastaufkommen ausweisen konnten, besser angepaßte Information vermittelt werden. So wurde versucht, zumindest das potentielle Fluggastaufkommen, d. h. die Anzahl der jeweils angebotenen Passagierplätze, zu ermitteln, auch wenn dessen Aussagewert ungleich geringer ist. Die dazu erforderlichen Daten, die jeweils verwendeten Flugzeugtypen und ihre übliche Sitzplatzkapapzität konnten aus Flugplänen entnommen oder von Fluggesellschaften in Erfahrung gebracht werden. Das ursprüngliche Konzept, jede Fluglinie einzeln darzustellen und dabei ihre Richtung (in der Karte) direkt nach dem ersten Zwischenlandeplatz zu orientieren, wurde Jahre nach Fertigstellung des Kartenentwurfes umgestoßen. Es hätte dies zwar eine bessere Detailinformation, aber eine optisch sehr unglückliche „Zerschneidung“ des Kartenbildes durch viele (radial von Nairobi und Entebbe ausgehende) schmale Flugverkehrsbänder bedeutet. Dem neuen Konzept zufolge wurden die einzelnen Linien nach dem tatsächlichen Verlauf von Flugstraßen eingezeichnet, dabei aufsummiert und, soweit sie den Darstellungsbereich verließen, am Kartenrand zur Angabe der Flugziele wieder aufgespreizt. Es war dadurch allerdings bei den überregionalen Linien nicht mehr möglich, alle Zielflughäfen einzeln aufzuführen, sondern nur mehr größere Zielgebiete. Die Zuordnung der Linien zu den Flugkorridoren war in der Regel problemlos. Unsicherheit bestand lediglich bei verschiedenen Verbindungen von Nairobi nach Europa, die sowohl die Flugstraße über Khartum-Kairo als auch die über Entebbe-Bengazi benutzen können. Sie wurden aus darstellungstechnischen Gründen alle der Nordroute zugerechnet.

3 Verkehrsarten in Ostafrika und der Verkehrssektor in den ostafrikanischen Volkswirtschaften

Aufgrund seiner Funktion, räumliche Divergenzen in Angebot und Nachfrage von Produktionsfaktoren und -ergebnissen zu überwinden, kommt dem Verkehrswesen in der Wirtschaft aller Länder eine Schlüsselstellung zu. Dies gilt für hochentwickelte ebenso wie für weniger entwickelte Volkswirtschaften. Während aber in den Industrienationen der traditionelle Verkehrssektor ein hohes Reifestadium erreicht hat, und sich die eigentlich bedeutsamen Vorgänge in den Bereich der Entwicklung von Systemen zur Beförderung immaterieller Güter zu verlagern scheinen, liegt in den Entwicklungsländern das Schwergewicht noch immer im Auf- und Ausbau traditioneller Verkehrsinfrastruktur und herkömmlicher Transportsysteme (zur Bedeutung der Verkehrserschließung in Entwicklungsländern s. z. B. RUPPERT 1974).

Letzteres gilt ohne Einschränkung auch für Ostafrika. Die einzelnen Verkehrsarten und ihre Bedeutung sind dabei unterschiedlich zu gewichten. Die erste frühe Erschließung mit einem neuzeitlichen Transportsystem übernahm der Schienenverkehr. Er bietet heute ein wichtiges Grundmuster an Beförderungsmöglichkeiten und -aufkommen, ist aber weder räumlich noch funktional ausgereift. Seine Hauptaufgabe liegt in der großräumigen inneren Erschließung des Landes und dessen Anbindung an die Küste. Er dient dabei primär dem Gütertransport und wird ausschließlich staatlich organisiert. Der Straßenverkehr erschließt aufgrund seiner Flexibilität weit größere Landstriche und wird insofern komplementär wirksam. Seiner ursprünglich vorwiegenden Zubringerfunktion ist er aber längst entwachsen und er tritt auch konkurrierend zum Schienenverkehr auf. Dabei ist auch das Straßenverkehrswesen bei weitem noch nicht ausgereift. Es dient der Güter- wie der Personenbeförderung gleichermaßen und wird partiell privatwirtschaftlich, allerdings mit starker staatlicher Einflußnahme, organisiert. Dem Binnenschiffsverkehr kam auf regionaler Ebene über längere Zeit eine beachtliche erschließende Bedeutung zu. Sie wurde aber durch die fortschreitende Entwicklung des Schienen- und Straßenverkehrs immer mehr eingeengt. Im überregionalen Verkehrsnetz wirken die Binnengewässer heute eher trennend als verbindend. Daraus resultiert eine nicht unwesentliche Bedeutung des Binnenschiffsverkehrs für die Verknüpfung überregionaler Landverkehrssysteme. Sein Schwergewicht liegt dabei auf der Güterbeförderung und seine Organisation ist zu einem beträchtlichen Teil in staatlicher Hand. Er ist der einzige Verkehrszweig mit eher schrumpfender Tendenz. Eine relativ junge Entwicklung sind Pipelinesysteme. Ihr Ausbau spiegelt die wachsende Bedeutung der Erdölwirtschaft wider. Sie dienen (z. T. im Transitverkehr) dem Transport, entweder des Rohstoffes oder der Fertigprodukte, von den Ölhäfen an der Küste in die Verbrauchsgebiete des Hinterlandes. Die Außenverbindungen mit den Nachbarländern auf dem Land- und Binnenwasserweg sind für Ostafrika (als Ganzes) ohne Bedeutung; zumindest von weit geringerer Wichtigkeit als für die angrenzenden Staaten, die durch Ostafrika den Weg zur Küste finden. Die Hauptanbindung an die „Außenwelt“ erfolgt, soweit es den Güterverkehr betrifft, auf dem Seeweg und, soweit es den Personenverkehr betrifft, auf dem Luftweg. Die Bedeutung des Seeverkehrs resultiert aus der Export- und Importabhängigkeit der ostafrikanischen Länder, die des Luftverkehrs ergibt sich in zunehmendem Maße aus der Entwicklung des Fremdenverkehrs. See-

und Luftverkehr werden teilweise staatlich, teilweise privatwirtschaftlich organisiert. Als nach außen gerichtete Verkehrssysteme müssen sie internationalen Standards genügen und sind zumindest teilweise besser entwickelt als die inländischen.

Den einzelnen Verkehrsarten kommt in den drei ostafrikanischen Staaten, ihrer unterschiedlichen Ausstattung, Entwicklung und räumlichen Struktur entsprechend, eine unterschiedliche Bedeutung zu. Trotzdem war es bisher durchaus gerechtfertigt von einem (gesamt)ostafrikanischen Verkehrswesen zu sprechen. Das gesamte Eisenbahnwesen sowie bedeutende Teile des Schiffs- und Luftverkehrs unterstanden einer einheitlichen Verwaltung und Organisation (insbesondere EAR&H, seit 1967 getrennt in EAR und EAH, sowie EAA). Zwischen den Ländern gab es Freizügigkeit und zollfreien Warenverkehr. Diese Gemeinsamkeiten zerfielen mit dem Zusammenbruch der ostafrikanischen Wirtschaftsgemeinschaft. Eine gemeinsame Verkehrspolitik hörte auf zu bestehen, die zwischenstaatlichen Grenzen wurden z. T. geschlossen, die Verkehrssysteme nationalen Organisationen unterstellt.

Für das Zustandekommen des Bruttoinlandsprodukts kommt dem Verkehrssektor (einschließlich Nachrichtenübermittlung) in den drei ostafrikanischen Volkswirtschaften eine unterschiedlich hohe, jeweils aber geringfügig sinkende relative Bedeutung zu (s. *Tab. 1*). Als bezeichnend erscheint, daß sein Anteil in Tanzania und Kenya wesentlich größer ist als in Uganda. Dazu mögen eine z. T. bessere Verkehrserschließung und ein höheres Verkehrsaufkommen bei größerer Landesfläche und weiterer räumlicher Streuung der ökonomischen Aktivitäten beitragen (s. *Tab. 2*). Die unterschiedlichen Anteile am Bruttoinlandsprodukt spiegeln sich auch sehr deutlich in den Beschäftigungsquoten des Verkehrssektors (s. *Tab. 3*) wider. Besonders nachteilig für alle drei Volkswirtschaften ist, daß sie nicht in

Tabelle 1 Bruttoinlandsprodukt und Anteil des Sektors Verkehr und Nachrichtenübermittlung in Kenya, Uganda und Tanzania

Jahr	Kenya Bruttoinlandsprodukt[a]		Uganda Bruttoinlandsprodukt[a]		Tanzania Bruttoinlandsprodukt[a]	
	insgesamt (Mio. K.-Shill.)	davon Sektor Verkehr u. Nachrichtenübermittlung (%)	insgesamt (Mio. U.-Shill.)	davon Sektor Verkehr u. Nachrichtenübermittlung (%)	insgesamt (Mio. T.-Shill.)	davon Sektor Verkehr u. Nachrichtenübermittlung (%)
1965	7 174	7	5 862	4	6 140	6
1967	8 802	7	6 231	4	7 343	7
1969	10 416	7	8 342	3	8 271	8
1971	12 702	7	10 367	3	9 797	8
1973	16 652	6	.	.	13 144	8
1975	23 290	5	.	.	18 583	7

a zu laufenden Preisen
. keine Angabe

Quellen: UN-National Accounts Statistics 1975, S. 72, 77, 78 — UN-Statistical Yearbook 1976, S. 668, 673

der Lage sind, nennenswerte Teile der benötigten Transportausrüstung selbst zu produzieren. So trägt der Verkehrssektor aufgrund seiner Importabhängigkeit (s. *Tab. 4*) erheblich zur Belastung der Handels- und Zahlungsbilanzen bei. Sinkende relative Anteile der Transportgüterimporte an den Einfuhren insgesamt (für Kenya und Tanzania) dürfen

Tabelle 2 Ausgewählte Daten zur Verkehrserschließung und zum Verkehrsaufkommen in Kenya, Uganda und Tanzania (1974)

		Kenya	Uganda	Tanzania
Bevölkerung	(Mio. E)	12,912	11,172	14,763
Landesfläche	(km^2)	582 646	236 036	945 087
Bevölkerungsdichte	(E/km^2)	22	47	16
Schienenverkehr				
Schienennetz, Länge	(km, ca.)	2 100	1 200	2 600
Dichte	($km/100 km^2$ Landfläche)	0,37	0,61	0,29
Bestand an:				
Lokomotiven	(Stück)		427[a]	
Personenwaggons	(Stück)		1 118[a]	
Güterwaggons	(Stück)		10 650[a]	
beförderte Personen	(Mio.)		7,483	Ostafrika insgesamt
beförderte Fracht	(Mio. t)		6,615	
Personenkilometer	(Mio.)		1 304	
Nettotonnenkilometer	(Mio.)		2 870	
Straßenverkehr				
Asphaltstraßen, Länge	(km)	4 022	1 917	2 540[b]
Dichte	($km/100 km^2$ Landfläche)	0,71	0,97	0,29
Bestand an Kfz:				
Pkw	(Stück)	130 900	27 000	39 100
Nutzfahrzeugen	(Stück)	23 800	8 900	42 300
Kfz-Besatz	(Kfz/100 E)	1,2	0,3	0,6
Luftverkehr				
Leistung inländischer Fluggesellschaften:				
geflogene Kilometer	(Mio.)	10,1	2,3	4,2
Personenkilometer	(Mio.)	715	150	154
Nettotonnenkilometer	(Mio.)	3,4	5,2	3,0
Seeverkehr				
Internationaler Seehafenumschlag	(Mio. t)	6,52	0	3,66

[a] Stand 1973
[b] Stand 1972

Quellen: UN-Statistical Yearbook 1975, S. 67, 68 — UN-Statistical Yearbook 1976, S. 486, 487, 498, 499, 540, 542 — Länderkurzberichte Kenia 1976, S. 24 — Länderkurzberichte Uganda 1976, S. 24 — Länderkurzberichte Tansania 1976, S. 24 — Jane's World Railways 1976, S. 248, 249, 318

Tabelle 3 Erwerbstätige im Sektor Verkehr und Nachrichtenübermittlung und ihr Anteil an der Erwerbsbevölkerung insgesamt in Kenya, Uganda und Tanzania

	Kenya		Uganda		Tanzania	
Jahr	Erwerbstätige im Sektor Verkehr u. Nachrichten-übermittlung	Anteil an der Erwerbs-bevölkerung insgesamt (%)	Erwerbstätige im Sektor Verkehr u. Nachrichten-übermittlung	Anteil an der Erwerbs-bevölkerung insgesamt (%)	Erwerbstätige im Sektor Verkehr u. Nachrichten-übermittlung	Anteil an der Erwerbs-bevölkerung insgesamt (%)
1969	51 800	8,3	.	.	32 400	8,8
1970	44 900	7,0	12 900	3,8	33 800	9,0
1971	45 600	6,6	12 000	3,7	37 500	9,5
1972	45 400	6,3	12 500	3,8	.	.
1973	44 400	5,8	11 900	3,4	.	.
1974	46 300	5,6	.	.	.	.

. keine Angabe

Quellen: Länderkurzberichte Kenia 1976, S. 18 — Länderkurzberichte Uganda 1976, S. 17, 18 — Länderkurzberichte Tansania 1976, S. 18

Tabelle 4 Importe ausgewählter Transportgüter in Kenya, Uganda und Tanzania

	1968	1970	1972	1974
Kenya (1 000 US-Dollar)				
Schienenfahrzeuge	10 121	860	8 583	1 567
Straßenfahrzeuge	29 343	40 938	45 335	75 158
Pkw	10 506	16 677	16 474	26 039
Busse	.	.	1 154	2 991
Lkw	6 972	7 679	8 487	15 613
Flugzeuge	9 380	17 642	7 435	11 291
Transportgüter insgesamt	51 647	61 192	63 337	92 087
Transportgüterimporte in % aller Importe	16,1	15,3	12,8	9,5
Uganda (1 000 US-Dollar)				
Schienenfahrzeuge	.	.	.	.
Straßenfahrzeuge	16 300	15 562	9 545	15 630
Pkw	4 760	4 809	3 036	1 085
Busse	.	.	258	1 319
Lkw	2 971	1 699	1 535	2 135
Flugzeuge	991	200	1 159	522
Transportgüter insgesamt	19 211	.	11 766	18 574
Transportgüterimporte in % aller Importe	14,5	.	10,4	14,1

	1968	1970	1972	1974
Tanzania (1 000 US-Dollar)				
Schienenfahrzeuge	353	2 709	12 565	12 205
Straßenfahrzeuge	29 156	28 565	26 897	48 674
Pkw	4 455	4 586	1 202	3 913
Lkw	6 843	7 699	5 698	14 579
Flugzeuge	299	5 515	204	3 221
Transportgüter insgesamt	33 877	40 258	43 349	70 497
Transportgüterimporte in % aller Importe	15,8	14,8	11,9	9,3

keine Angabe

Quellen: UN-INTERNATIONAL TRADE STATISTICS 1970—1971, S. 399, 400, 773, 774, 792, 793 — UN-INTERNATIONAL TRADE STATISTICS 1975, S. 558, 560, 977, 979, 980, 1007, 1010

dabei nicht über eine zunehmende absolute Abhängigkeit hinwegtäuschen. Das jährliche reale Wachstum des Verkehrssektors unterliegt in allen drei Ländern erheblichen Schwankungen (s. *Tab. 5*). Dies erscheint weniger gravierend als die längerfristig eher sinkende Tendenz der Wachstumsraten. Erfreulich ist aber, aufgrund der Schlüsselstellung des Verkehrswesens für die wirtschaftliche Entwicklung der Länder, daß das reale Wachstum des Verkehrssektors im mehrjährigen Mittel größer, in Tanzania sogar erheblich größer ist als das des Bruttoinlandsprodukts insgesamt.

Tabelle 5 Wachstumsraten des Bruttoinlandsproduktes und des Sektors Verkehr und Nachrichtenübermittlung in Kenya, Uganda und Tanzania

	Bruttoinlandsprodukt zu konstanten Preisen					
	insgesamt			Sektor Verkehr und Nachrichtenübermittlung		
	Kenya (%)	Uganda (%)	Tanzania (%)	Kenya (%)	Uganda (%)	Tanzania (%)
1964—1965	1,1	4,9	2,7	14,2	0,0	3,4
1965—1966	12,9	5,7	12,8	14,2	10,8	20,5
1966—1967	5,2	2,9	4,0	10,5	10,2	11,2
1967—1968	7,2	2,6	5,2	7,8	7,3	15,3
1968—1969	6,2	10,0	1,8	1,2	9,4	4,2
1969—1970	7,3	1,7	5,8	6,8	4,5	13,2
1970—1971	6,4	3,4	4,2	4,7	8,0	11,7
1971—1972	5,2	2,7	5,9	−1,6	2,8	4,7
1972—1973	6,5	−1,5	3,9	6,6	−10,2	4,5
1973—1974	3,6	−1,9	2,2	6,3	6,4	6,9
Mittelwert 1964—1974	6,2	3,1	4,9	7,1	4,9	9,6

Quelle: UN-NATIONAL ACCOUNTS STATISTICS 1975, S. 126, 127, 135, 136

4 Entwicklung, räumliche Muster, Leistungsangebot und Belastung von Verkehrsinfrastruktur und Transportsystemen in Ostafrika

4.1 Die Entwicklung von Verkehrsinfrastruktur und Transportsystemen — räumliche Prozesse und ökonomische Effekte

Die Haupterschließung Ostafrikas (vgl. zum folgenden und s. Näheres EATS 1969 b, MORGAN 1973, HOYLE 1963 und 1967, O'CONNOR 1965, HOFMEIER 1970) mit neuzeitlichen Verkehrssystemen erfolgte durch die Kolonialmacht England, in der Frühphase bis zum Ersten Weltkrieg z. T. auch durch Deutschland. Die Motive waren sowohl ökonomischer, politischer und strategischer Art (Landnutzung, Besiedlung, Ausdehnung und Kontrolle des Machtbereiches, dabei Interessenkollision zwischen England und Deutschland) als auch ethischer Natur (Unterbindung des Sklavenhandels). Der Gang der Erschließung (s. *Fig. 1*) erfolgte von der Küste ins Landesinnere. Ausgangspunkte bildeten Mombasa, Tanga und Dar es Salaam, deren natürliche Ausstattung am ehesten für die Entwicklung größerer Hafenstandorte geeignet erschien. Das zunächst einzig adäquate Verkehrsmittel war die Eisenbahn. Der Ausbau ihrer nördlichen Trasse begann 1895 zugleich mit dem Hafenausbau von Mombasa. Ziel der sogenannten „Ugandabahn" war zunächst die Küste des Victoriasees, von wo aus man auf dem billigen Wasserweg auf große Landstriche zugreifen konnte. Die Route durch die südöstlichen Trockenbereiche Kenyas folgte unter Berücksichtigung der wenigen Quellgebiete im wesentlichen alten Karawanenwegen. 1899 erreichte man am Rande der Athi plains erstmals einen Bereich günstigeren Klimas und reichlicher Wasservorkommen. Hier wurde, vor der schwierigen Etappe der Überwindung des Rift Valleys und seiner Randgebirge, ein Versorgungscamp angelegt, aus dem die Hauptstadt Nairobi erwuchs. Unter schwierigen Bedingungen und ohne Rücksicht auf gegebene Siedlungsschwerpunkte folgte die Route der technisch am wenigsten problematischen Trasse durch das Kavirondo Rift Valley. 1901 wurde der Victoriasee erreicht. Die Hafenstadt Kisumu entstand und verschiedene Schiffahrtslinien, so nach Jinja, Port Bell, Entebbe und Bukakata, wurden eingerichtet. Die Weiterentwicklung des Transportsystems erfolgte 1912 durch den Bau der Bahnlinie von Jinja nach Namasagali. Von hier konnte über den verzweigten Kyogasee der Norden Ugandas erschlossen und später über eine weiterführende Straße zum Albertsee über den Albertnil eine Verbindung zum Sudan geschaffen werden. Diese Achse wurde hauptsächlich für die Entwicklung der ugandischen Baumwollgebiete bedeutsam.

Die Deutschen hatten bereits 1891 mit dem Bau der „Tangabahn" begonnen, brauchten aber aufgrund mangelnder Erfahrung und schlechter Organisation zwanzig Jahre bis die vergleichsweise kurze Distanz nach Moshi überwunden war. Ungleich rascher vollzog sich der Bau der „Zentralbahn" von Dar es Salaam bis Kigoma am Tanganyikasee. Hier verfolgten die Deutschen die gleiche Expansionsstrategie wie die Engländer weiter im Norden, nämlich die schienenmäßige Verbindung der Küste mit einem großen Binnensee, der die weitere Erschließung auf dem Wasserweg gestattete. Die Zentralbahn eröffnete gleichzeitig dem Osten des Kongo den Weg zum Meer.

Der Erste Weltkrieg brachte 1916 die Verbindung der Uganda- und der Tangabahn. Ein rasch improvisierter Ausbau der Strecke Voi-Kahe sollte insbesondere dem Transport

Entwurf: R. Ruppert

Kart.: J. Schulz

0 100 200 300 km

Eisenbahnnetz

- in Betrieb (Tanzambahn: ungefährer Verlauf)
- außer Betrieb z.T. demontiert
- Eisenbahnfähre

Straßennetz (nach EATS 1969)

- Bitumen (z.T. in Bau, 1968)
- Schotter, Erde

Rohrleitungen

- Pipeline (ungefährer Verlauf)

Flughäfen (sofern 1970 im Linienverkehr bedient)

- international, interkontinental
- innerostafrikanisch

Darstellungsbereich der Karte E 13

Figur 1 Übersichtskarte

britischer Truppen in das nördliche Tanganyika dienen. Die Linie wurde allerdings erst nach weiteren Ausbauten 1924 dem öffentlichen Verkehr übergeben.

Die Nachkriegszeit bedeutete einen heftigen Boom an weißen Zuwanderern und führte zu einer dichten Besiedlung der agraren Gunstgebiete in Uganda und der „white highlands" in Kenya. Diese Entwicklung ging Hand in Hand mit verschiedenen Ausweitungen des Bahnsystems. Die Verbindung über den Victoriasee war nicht mehr leistungsfähig genug und Uganda wurde durch den Bau der Linie Nakuru-Eldoret-Tororo-Mbulamuti (1928) und die Verlängerung Jinja-Kampala (1931) direkt an die Bahn angebunden. Dies bedeutete nicht nur die Erschließung weiterer fruchtbarer Gebiete, etwa Uasin Gishus und Bugandas, sondern verbesserte durch den unmittelbaren Zugang zur Küste die Außenverflechtungsbedingungen Ugandas. Daneben brachten Zweigstrecken nach Kitale (1926), Solai und Thomson's Falls (1929) sowie Nanyuki (1930) Impulse für die marktorientierte Landwirtschaft der Weißen und führte zur Entwicklung und später auch industriellen Ausgestaltung zentraler Orte. Eine Zweigstrecke von Kisumu nach Butere (1930) schaffte für die Agrargebiete der Afrikaner von Siaya und Kakamega Strukturverbesserungen, allerdings ohne größere Entwicklungseffekte. Von besonderer Bedeutung war die bereits 1915 eingerichtete Stichbahn Konza-Magadi, die die Sodavorkommen des Magadisees erschloß. Erst mit diesen Erweiterungen begann die Bahn in größerem räumlichen Ausmaß ökonomisch wirksam zu werden.

In Tanganyika wurde durch die Linie Tabora-Mwanza (1928) das Südufer des Victoriasees erreicht, damit das dortige Baumwollgebiet erschlossen und über den Wasserweg eine Verbindung zu den Stationen Kisumu und Jinja der Kenya-Uganda-Bahn ermöglicht. Insgesamt aber fehlte in Tanganyika aufgrund der weit geringeren weißen Besiedlung die Motivation zu größeren Erweiterungen. Die einzige Linie zur Bedienung europäischer Landwirtschaftsgebiete wurde mit der Strecke Moshi-Arusha (1929) eingerichtet. Eine später angelegte Stichbahn nach Kinyangiri (1934) zur Förderung afrikanischer Landwirtschaft erwies sich als Fehlplanung und mußte wieder eingestellt (bzw. dem Bau der Linie Mtwara-Nachingwea —s. u.— geopfert) werden.

Hand in Hand mit der schienenmäßigen Erschließung des Landes und der wachsenden Außenverflechtung vollzog sich der Ausbau der Seehäfen. Insbesondere Mombasa, ursprünglich nur mit Leichtern zu bedienen, mußte schon in den zwanziger Jahren für Hochseeschiffe ausgebaut werden. 1921 wurden zwei Tiefwasseranlegeplätze gebaut, 1929 bereits zwei weitere, 1931 der nächste sowie eine Mole für den Ölumschlag.

In dieser Zeit setzte sich auch die Motorisierung durch und der Straßenverkehr nahm seinen Aufschwung. Die frühere Straßenerschließung hatte sich auf wenige Gebiete konzentriert, vor allem auf das Umland der Seehäfen Mombasa, Tanga und Dar es Salaam und der Binnenhäfen des Victoriasees, ferner auf die Siedlungsgebiete entlang der Eisenbahn nördlich von Nairobi und um Moshi und Arusha. Nun begann sich in den dichter besiedelten Regionen, insbesondere im Südosten Ugandas und vor allem in den „white highlands" ein recht feinmaschiges Netz unbefestigter Straßen zu entwickeln. In den dünner besiedelten und von der Eisenbahn nicht erschlossenen Bereichen setzte ein relativ grobmaschiger Ausbau von Fernstraßen ein. Vielfach kam damit dem Straßenverkehr eine äußerst wichtige komplementäre oder sogar Zubringerfunktion zur Schiene zu. Nicht selten aber auch, zwischen den größeren Orten, die sich hauptsächlich entlang der Eisenbahn entwickelt hatten, trat er im Gütertransport und mit Buslinien in Konkurrenz zur Schiene. Dies geschah zu Beginn einer Zeit, als die Weltwirtschaftskrise der exportorientierten ostafrikanischen Agrarwirtschaft harte Rückschläge und dem Eisenbahnwesen schwerste Verluste brachte. Zum Schutz der im Bahnausbau getätigten Investitionen setzte daraufhin insbesondere in Kenya eine restriktive Politik gegenüber dem Straßentransport ein, die zwar das Eisenbahnwesen am Leben erhielt, aber die Entwicklung des Straßenverkehrs wichtige Anreize nahm. In Tanganyika gelang es der Eisenbahn z. T. sogar, schienenparallele Straßenausbauten ganz zu verhindern, so daß es entlang der Zentralbahn meist nur mit großen Umwegen möglich war, auf der Straße von einer Station zur anderen zu gelangen (vgl. Weigt 1964, S. 88).

Die Jahre des Zweiten Weltkrieges brachten für das Eisenbahnnetz keine Erweiterungen. Solche erfolgten in größerem Ausmaß erst wieder mit dem Ausbau und der Anbindung der Bergbaugebiete von Mpanda (1949) und Kilembe (1956) sowie im Rahmen der Erdnußprojekte Tanganyikas. Die Blei-Zinkmine Mpanda wurde 1960 wegen Unergiebigkeit wieder geschlossen und die Stichbahn von Kaliua diente dann vorwiegend nur mehr dem Transport lokaler Agrarprodukte. Von Kilembe, erreicht durch die Verlängerung der Ugandabahn bis Kasese, werden Kupfererze in die Schmelzanlagen von Jinja gebracht. Gleichzeitig sollte die Bahn Exportgüter des östlichen Kongo befördern, erreichte dabei aber keine Bedeutung. Im Zusammenhang mit den Erdnußprojekten Tanganyikas stand vor allem der Ausbau der Bahn von Mtwara nach Nachingwea (1949), zu dessen Durchführung die Linie Manyoni-Kinyangiri abgerissen wurde. Als die Erdnußprojekte und auch folgende Versuche der landwirtschaftlichen Umstrukturierung in diesem Raum scheiterten, mußte 1962 diese Verbindung wieder stillgelegt werden.

Auch der Hafen von Mtwara war in diesem Zusammenhang ausgebaut worden. Er konnte sich aber aufgrund eines fehlenden kräftigen Hinterlandes nur sehr allmählich entwickeln und erreichte auch in späteren Jahren keine besondere Bedeutung. Kaum besser erging es dem Hafen von Tanga, der hauptsächlich der regionalen Sisalindustrie dienen sollte. Er wurde nie mit Tiefwasseranlegestellen ausgestattet und muß seinen Hochseeumschlag im Leichterverkehr abwickeln. Anders verlief die Entwicklung in Mombasa und Dar es Salaam, beide, als Ausgangspunkte der großen Bahn- und Straßenlinien, mit einem weiten, sogar über die nationalen Grenzen hinausreichenden Hinterland versehen. Mombasa, schon während des Zweiten Weltkrieges unter militärischen Gesichtspunkten weiter ausgebaut, verfügte 1958 bereits über neun Tiefwasseranlegeplätze und mußte für rasch folgende weitere Ausbauten neues Areal erschließen. Dar es Salaam vollzog (unter Beteiligung belgischer Interessen) seine Entwicklung zum Tiefwasserhafen in den fünfziger Jahren. Größere Erweiterungen folgten, wenn auch nicht im gleichen Ausmaß wie in Mombasa.

Der Zweite Weltkrieg hatte für die Verbesserung und Verdichtung des Straßennetzes gewisse Impulse gebracht. In dieser Zeit wurden erste kurze Strecken mit Bitumenbelag versehen und in den Folgejahren weiter ausgebaut. In Tanganyika begann man mit der Ost-West-Verbindung von Dar es Salaam nach Morogoro und in Kenya mit der großen Hauptachse im Bereich zwischen Nakuru und Nairobi (bis 1950). Im straßenmäßig relativ gut erschlossenen Uganda waren bis 1955 die sternförmig von Kampala ausstrahlenden Verbindungen nach Entebbe, Port Bell, Bombo, Mityana und Masaka sowie die Straße

Jinja-Tororo-Mbale geteert. Insgesamt aber ging der Straßenausbau, meist aus Entwicklungshilfegeldern finanziert, nur allmählich vonstatten (die Strecke Nairobi-Mombasa war z. B. erst 1968 durchgehend geteert), es sei denn kräftige Impulse beschleunigten die Entwicklung, wie die Verlagerung der Exportrouten Zambias über Dar es Salaam, die erst vor wenigen Jahren zu einer raschen Neutrassierung östlich des Kilombero Valley führte. Gleichzeitig mit dem Ausbau der großen Durchgangsstraßen vollzog sich eine Verdichtung des Straßennetzes in den ländlichen Agrargebieten, insbesondere in jenen, wo man sich eine rasche Entwicklung erhoffte, wie etwa den Kaffee- und Teeanbaugebieten des Kikuyulandes, den Teebereichen von Kericho oder dem Zuckerrohrgebiet um Chemelil und Muhoroni.

Einen öffentlichen Luftverkehr gab es in bescheidenem Umfang, aber immerhin mit regelmäßigem Service, bereits in den dreißiger Jahren. In größerem Ausmaß entwickelte er sich in der Nachkriegszeit, als 1946 eine ostafrikanische Fluggesellschaft gegründet wurde, die (monopolistisch) regionale Linienverbindungen einrichtete. Ab 1957 beteiligte sie sich auch am internationalen und interkontinentalen Flugverkehr, der vorher nur von ausländischen Gesellschaften betrieben worden war. Im regionalen Dienst wurden und werden etwa zwei Dutzend in den größeren Städten lokalisierte Flugplätze angeflogen. Über die meisten dieser Plätze verfügt Tanzania, der Landesausdehnung und der räumlichen Verteilung ökonomischer Aktivitäten entsprechend. In das großräumige innerafrikanische und interkontinentale Netz wurden vor allem die drei Hauptstädte und Mombasa eingebunden. Nairobi, bereits 1962 für größere Düsenverkehrsflugzeuge ausgebaut, übernahm dabei eine zentrale Stellung (s. z. B. Obst 1977, S. 372). Die rasche Entwicklung des ostafrikanischen Flugverkehrs lag nur zum kleinen Teil an der inländischen Nachfrage und den schlechten Landverkehrsverbindungen mit den Nachbarstaaten. Die Hauptrolle spielte der internationale Tourismus.

Dem Eisenbahnverkehr brachten die sechziger Jahre noch einige bedeutsame Erweiterungen. Am wichtigsten waren 1963 die Eröffnung der Strecke Mnyusi-Ruvu und wenige Jahre später die Einrichtung der Eisenbahnfähren zwischen Mwanza, Jinja und Kisumu. Die ehemals isolierten Systeme der Kenya-Uganda-Bahn und der tanzanischen Zentralbahn wurden damit verbunden. Ursächlich für diese Ausbauten war hauptsächlich eine Vereinfachung des rollenden Verkehrs angesichts unterschiedlicher jahreszeitlicher Spitzenbelastungen. Gleichzeitig wurde damit aber auch der Nordosten Tanzanias an die Hauptstadt angebunden und sowohl Uganda als auch dem Norden Tanzanias ein zweiter Weg zur Küste eröffnet. Andere Erweiterungen waren die längst fällige Abkürzung Jinja-Busembatia (1961), die Verlängerung der Ugandabahn über Soroti hinaus nach Pakwach (1964), wodurch der Norden Ugandas besser erschlossen wurde und der Verkehr über den Kyogasee entfallen konnte, sowie eine Zweiglinie von Kilosa über Mikumi bis Kidatu zur Erschließung des Kilombero Valleys und zur potentiellen Verlängerung bis Mbeya und Zambia.

Diese Erweiterung erfolgte Jahre später tatsächlich durch den Bau der sogenannten „Tanzambahn“ (1975), über die Zambia (nach der Unabhängigkeitserklärung Rhodesiens) einen neuen Weg zum Indischen Ozean fand. In diesem Zusammenhang war bereits eine neue Straßenverbindung geschaffen und 1968 eine Pipeline von Dar es Salaam in den zambischen Kupfergürtel nach Ndola gebaut worden. Der Bedarf Zambias an Erdölprodukten hat in Dar es Salaam zum Raffinerieausbau beigetragen. Seit 1975 erfolgt die Rohölverarbeitung direkt in Ndola. Wie Dar es Salaam hat sich auch Mombasa zu einem Zentrum der Erdölverarbeitung entwickelt. Hohe Kosten der Beförderung der Produkte mit herkömmlichen Transportmitteln in die Verbrauchsgebiete des Hinterlandes und eine starke Belastung des Schienen- und Straßenverkehrs gaben Veranlassung zur Anlage einer Pipeline nach Nairobi. Die Bauarbeiten dazu waren Ende 1977 abgeschlossen und die Inbetriebnahme stand in Kürze zu erwarten.

4.2 Räumliche Muster und Disparitäten des Verkehrsnetzes

Die Verkehrserschließung als Prozeß wurde mit gewissen Verzögerungen von einer regionalen Zunahme der Bevölkerungsdichte und wirtschaftlichen Entwicklung begleitet. Meistens war die Verkehrserschließung der Wegbereiter einer folgenden Entwicklung, seltener war sie Folge einer vorausgegangenen Entwicklung.

Die Verkehrserschließung als gegebene Struktur spiegelt damit in der Art und Dichte des Infrastrukturnetzes im wesentlichen den regionalen Entwicklungsstand wider. Räumliche Disparitäten in der Verkehrserschließung entsprechen Disparitäten in der Bevölkerungsdichte und Wirtschaftskraft.

Das Rückgrat des groben räumlichen Grundmusters an Infrastrukturlinien bilden größere, im Grundsatz Ost-West orientierte Achsen, einerseits als Konsequenz des Entwicklungsganges von der Küste zum Hinterland, andererseits als Konsequenz der Richtung der ökonomischen Außenverflechtung. Durch abzweigende Stichverbindungen werden sie kleinräumig, durch durchgängige Nord-Süd-Querverbindungen großräumig flächenhaft wirksam.

Bereits die Dichte des Netzes der großen Haupt- und Fernverbindungen und verstärkt die Dichte des Nebenliniennetzes geben das Ausmaß an natürlicher Gunst und Ungunst wieder. Großräumige Ungunstgebiete, insbesondere niedrig gelegene Trockenbereiche, sind allenfalls von vereinzelten Fernrouten und in größeren Abständen voneinander verlaufenden Zubringerlinien durchzogen. Selbst wenn solche Fernverbindungen hohe Verkehrsspannungen überbrücken, bleibt ihr erschließender Effekt auf kleinräumigem Niveau unbedeutend. In Gunstgebieten verdichten sich Haupt- und Nebenlinien. Sofern es sich um Straßen handelt, werden Netzstrukturen erreicht. Das räumliche Muster spiegelt dann in etwa das Muster der zentralen Orte wider.

Für Kenya bedeutet dies, daß die gesamte natürlich benachteiligte nordöstliche Landeshälfte praktisch kaum erschlossen ist. Den Südwesten kennzeichnet eine stark ausgeprägte Achse, die den wirtschaftlichen Kernraum des Landes mit der Küste verbindet. Zwischen den Wachstumspolen Mombasa und Nairobi kommt ihr auf kleinräumigem Niveau meist nur wenig erschließende Bedeutung zu. Erst mit dem Eintritt in das Hochland fächert sie sich auf in Stichlinien und Netzstrukturen, die in zunehmender Breite das Land bis zum Victoriasee erschließen. Bedingt durch die Lage des Kyogasees, erfährt die zentrale Leitlinie bei Tororo eine Gabelung, deren unbedeutenderer Ast sich in den Norden und Nordosten Ugandas verzweigt und deren Hauptast auf Jinja und Kampala vorstößt. Kampala bildet das Zentrum eines radial in den Südwesten, Westen und Norden von Uganda ausstrahlenden Straßensternes, der im peripheren Bereich, etwa parallel zur westlichen Landesgrenze eine teilzirkulare Querverbindung erhält. Für die Hauptverbindungen, insbesondere die Achse Mombasa-Nairobi-Kampala und ihre wichtigsten Abzweige, ist eine Bündelung von Straße und Schiene (z. T. auch Pipeline) kennzeichnend. In Tanzania sind es im wesentlichen drei große Ost-West-Achsen, die das Land im Norden (Tanga-Moshi-Arusha-Mwanza), in der Mitte (Dar es Salaam-Morogoro-Dodoma-Kigoma) und im Süden (Mtwara-Songea-Mbeya) queren. Sie werden durch drei Nord-Süd-Linien im Westen (Bukoba-Uvinza-Mpanda-Sumbawanga), in der Mitte (Arusha-Dodoma-Iringa-Mbeya) und im Osten (Tanga-Dar es Salaam-Lindi-Mtwara) verbunden und ergeben ein sehr grobmaschiges, aber einigermaßen gleichmäßig über das gesamte Land gestrecktes Netz. Die Achsen sind im Hauptstraßenniveau z. T. nur fragmentarisch ausgeprägt. Die Parallelität von Schiene und Straße ist nicht im selben Ausmaß gewahrt wie in Kenya und Uganda. Die Verbindung der Infrastruktursysteme von Kenya und Uganda mit denen von Tanzania ergibt sich über eine Reihe von Linien, die in gewissen Abständen voneinander in der Regel (Ausnahme: Voi-Moshi) in Nord-Süd-Richtung verlaufen: Mombasa-Tanga, Athi River-Arusha, Kisii-Musoma, Kisumu und Jinja-Mwanza (Wasserweg) sowie Masaka-Bukoba.

Das Ausmaß der Auffüllung des Grundgerüstes an Bahnen und Hauptstraßen durch Neben- und Zubringerstraßen spiegelt im wesentlichen die flächenhafte Besiedlungsdichte im agraren Raum wider. Relativ gut erschlossen ist dementsprechend in Kenya, neben dem schmalen Küstenstreifen, der Südwesten des Landes, mit besonderer Betonung der ehemaligen „white highlands" und der Randgebiete des Victoriasees. Uganda wird, abgesehen vom Nordosten, insgesamt von einem relativ feinmaschigen Netz überzogen, das sich in den begünstigten südöstlichen Regionen sowie um Kabale und Arua im äußersten Südwesten bzw. Nordwesten besonders verdichtet. In Tanzania sind es wiederum die Küstenlandstriche, die engmaschig erschlossen sind, ferner die Nahbereiche isolierter zentraler Orte, wie Iringa, Mbeya und Tabora, und besonders stark die Bereiche der Usambaraberge, des Kilimanjaro und des Meru sowie die Küstengebiete des Victoriasees um Mwanza und Bukoba.

Haupteinflußfaktor auf Dichte und Strukturmuster des feinmaschigen Verkehrsnetzes ist die agrare Gunst, bestimmt im wesentlichen durch klimatische Gegebenheiten und Bodenverhältnisse. Dazu treten distanzabhängige Einflüsse, so die Entfernung zur Küste, zu zentralen Orten und zu den Hauptverkehrsachsen. Auf sehr kleinräumigem Niveau wirken die Siedlungsweise, die Art der ursprünglichen Siedler (Afrikaner oder Europäer) und auch die Art des Anbauproduktes differenzierend.

4.3 Quantität und Qualität des Leistungsangebotes öffentlicher Transportsysteme

4.3.1 Schienenverkehr

Das ostafrikanische Eisenbahnsystem, soweit es sich in Betrieb befand, umfaßte z. Zt. der Feldstudien eine gesamte Streckenlänge von ca. 5 900 km[1]. Davon entfielen etwa 2 600 km

[1] Darin enthalten sind 146 km (Strecke Konza-Magadi), die sich im Besitz der Magadi Soda Company befanden, aber von der EAR bedient wurden. Die später erbaute „Tanzambahn" führt rund 800 km durch tanzanisches Gebiet; sie untersteht einer eigenen Verwaltung.

auf Tanzania, 2 100 km auf Kenya und 1 200 km auf Uganda. Dies bedeutete Netzdichten von 0,003, 0,004 und 0,006 km Streckenlänge je km^2 nationaler Landfläche. Berücksichtigte man nur die besiedelte Landesfläche, so verschoben sich die Relationen zugunsten von Tanzania und Kenya. Angaben über Streckenlängen und die damaligen Frequentierungen der einzelnen Hauptbahnen und Nebenlinien enthält *Tabelle 6.* Das Netz war nur eingleisig und — im Gegensatz zu den Nachbarländern Sudan (noch keine Verbindung) und Zambia (Verbindung seit 1975) — in 1 000-mm-Schmalspur angelegt. Auf der Tan-

Tabelle 6 Distanzen und Frequentierungen ostafrikanischer Eisenbahnlinien (1966/67)

Hauptlinien	Distanz (km)	Frequentierung[a] (ungefähre Zahl d. Züge pro Tag und Richtung)	Nebenlinien	Distanz (km)	Frequentierung[a] (ungefähre Zahl d. Züge pro Tag und Richtung)
Kenya-Uganda-Bahn					
Mombasa—Voi	166	12	Voi—Kahe	151	3
Voi—Konza	295	12	Konza—Magadi	146	1
Konza—Nairobi	74	12	Nairobi—Nanyuki	235	1
Nairobi—Gilgil	140	11	Gilgil—Thomson's Falls	77	1
Gilgil—Nakuru	40	11	Nakuru—Kisumu	211	5
			Kisumu—Butere	69	3
			Nakuru—Solai	76	(Rangierstrecke)
Nakuru—Eldoret	204	10	Eldoret—Kitale	82	1
Eldoret—Tororo	177	6	Tororo—Soroti	161	2
			Soroti—Pakwach	341	1
Tororo—Busembatia	78	6	Busembatia—Mbulamuti	80	1
Busembatia—Jinja	67	6	Jinja—Mbulamuti	60	1
Jinja—Kampala	92	8			
Kampala—Kasese	335	1			
Tangabahn					
Tanga—Mnyusi	69	4	Mnyusi—Ruvu	196	2
Mnyusi—Kahe	262	4	Kahe—Voi	151	3
Kahe—Moshi	19	4			
Moshi—Arusha	87	1			
Zentralbahn					
Dar es Salaam—Ruvu	79	9	Ruvu—Mnyusi	196	2
Ruvu—Morogoro	124	9			
Morogoro—Kilosa	87	5	Kilosa—Kidatu	109	1
Kilosa—Tabora	562	5	Tabora—Mwanza	380	3
Tabora—Kaliua	122	2	Kaliua—Mpanda	211	1
Kaliua—Kigoma	282	2			

[a] Passagierzüge + Güterzüge + „gemischte“ Züge

Quelle: EATS 1969 b, S. 24, 25, 31, 32

zamlinie wurde die in Zambia übliche 1 067-mm-Kapspur übernommen. Gefahren wurde im Diesel- oder auch noch Dampfbetrieb. Elektrifizierungspläne bestanden für die Strecke Mombasa-Nairobi. Partiell antiquierte Gleiskörper, Fahrzeugparks und technische Betriebssysteme erschwerten eine effektive Bedienung. Hinzu kamen gewisse Erschwernisse des tropischen Klimas und einer reliefbedingten hindernisreichen Streckenführung. So hatte z. B. die Kenya-Uganda-Bahn eine Scheitelhöhe von 2 997 m ü. d. M. zu überwinden und mußte über beträchtliche Strecken mit Steigungen von 2% und engsten Kurvenradien fertig werden. Dabei galt es, das Bedienungsangebot auf gravierende jahreszeitliche Nachfragerhythmen (Erntezeiten) und unterschiedliche Richtungsbelastungen einzustellen. So erfolgte im Mittel etwa ein Drittel der Kilometerleistung mit leeren Waggons. Über größere Distanzen war kaum mit einer planmäßigen Geschwindigkeit von mehr als 30 km/h zu rechnen. Die effektive Geschwindigkeit blieb nicht selten darunter. Das Zuverlässigkeitsniveau war nach mitteleuropäischem Standard gemessen unbefriedigend, was insbesondere für die küstenferne transportabhängige Wirtschaft Nachteile mit sich brachte. Umfragen zufolge (vgl. W. E. FISCHER 1969, S. 128), kamen Diebstähle und Beschädigungen des öfteren vor.

Der Schwerpunkt des Bedienungsangebotes der ostafrikanischen Eisenbahnen lag eindeutig auf dem Gütertransport. Die Personenbeförderung, sie wurde auf den Hauptstrekken in drei Preis- bzw. Komfortklassen offeriert, war von untergeordneter Bedeutung. Dies spiegelt auch die Struktur des Waggonparks wider (s. *Tab. 2*). Eigene Personenzüge im Fernverkehr wurden lediglich auf der Kenya-Uganda-Bahn von Mombasa bis Kampala, einschließlich der Nebenstrecke Nakuru-Kisumu-Butere, eingesetzt; ferner auf der Zentralbahn von Dar es Salaam bis Kigoma, einschließlich der Nebenlinie Tabora-Mwanza. Die mittlere Befahrungsfrequenz im reinen Personenverkehr erreichte dabei nur zwischen Mombasa und Nakuru zwei Züge pro Tag und Richtung. Auf der Zentrallinie verkehrte nur etwa alle zwei Tage ein Personenzug in jeder Richtung. Ein gewisses Angebot zur Personenbeförderung erfolgte allerdings darüber hinaus auf fast allen Strecken in „gemischten" Zügen, bei denen oft nur ein Personenwaggon an einen Güterzug gekoppelt wurde. Der geringen Bedienungshäufigkeit im Personenverkehr standen ungleich höhere Frequenzen im Güterverkehr gegenüber. Trotzdem ergaben sich für rund drei Viertel des Streckennetzes nur eine Gesamtbefahrungsfrequenz von höchstens fünf Zügen (Personenzüge + Güterzüge + „gemischte" Züge) pro Tag und Richtung. Andererseits arbeitete die Strecke Mombasa-Nairobi (angesichts des nur eingleisigen Ausbaues) an der Grenze ihrer Leistungsfähigkeit und konnte der Nachfrage nicht immer gerecht werden. Engpässe mußten z. T. dadurch überwunden werden, daß sich die Bahn in längerfristigen Verträgen Kapazitäten der öffentlichen Straßentransportunternehmen, insbesondere der staatlichen KENATCO, sicherte (vgl. EATS 1969 b, S. 200).

4.3.2 Straßenverkehr

In Ergänzung, z. T. aber auch in Konkurrenz zur mehr linear orientierten Verkehrsbedienung des schienengebundenen Systems trat die flächenhaft erschließende Bedienung durch Straßentransportsysteme.

Das gesamte (statistisch ausgewiesene) Straßennetz in Ostafrika umfaßte z. Zt. der Feldstudien ca. 100 000 km. 5% davon waren asphaltiert, etwa weitere 20% anderweitig befestigt (s. im einzelnen *Tab. 7.* Die Vergleichbarkeit der Angaben ist nicht gesichert.). Vor allem in Tanzania, z. T. auch in Kenya, waren größere Straßenabschnitte nur jahreszeitlich befahrbar. Über das beste Straßennetz in Bezug auf Dichte und Qualität verfügte Uganda, das nach dem Zweiten Weltkrige am (relativ) meisten Geld für den Straßenbau aufbrachte und diesbezüglich auch Vorteile seitens der natürlichen Ausstattung, der räumlichen Struktur der Wirtschaft und der Organisation des Straßenbaues besaß (s. z. B. Hazlewood 1964, S. 11).

Die private Motorisierung mit (1970) 4,8 Pkw je 1 000 Einwohner in Kenya, 3,0 Pkw je 1000 Einwohner in Uganda und 2,8 Pkw je 1 000 Einwohner in Tanzania entsprach insgesamt und in ihrer nationalen Differenzierung dem allgemeinen ökonomischen Entwicklungsstand.

Auch das öffentliche Transportwesen war unterschiedlich ausgeprägt (vgl. und s. Näheres EATS 1969 b, S. 193—329). In Kenya und Tanzania hatten sich öffentliche Gütertransportsysteme nicht frei entwickeln können. Als sich mit dem Ausbau des Straßennetzes die Eisenbahn einer zunehmenden Konkurrenz ausgesetzt sah, wurde das Straßentransportwesen einer strengen Reglementierung unterzogen. Transportunternehmen und -fahrzeuge unterlagen in Kenya bereits seit 1932, in Tanzania seit 1956 der Lizensierung. Lizenzerteilungen konnten vom Bedarf an Transportleistung abhängig gemacht und sowohl mit regionalen als auch warengruppenbezogenen Restriktionen verbunden werden. Zum Zeitraum der Erhebungen boten in Kenya grob 1 000, in Tanzania grob 1 600 lizensierte Transportunternehmen mit etwa 2 000 bzw. 3 000 Fahrzeugen im öffentlichen Güterverkehr ihre Dienste an. In Uganda, wo der Eisenbahn kaum im Binnenverkehr, sondern hauptsächlich für die lange Distanz zur Küste Bedeutung zukommt, hatte der Gütertransport auf der Straße eine viel stärker komplementäre als konkurrierende Funktion. Reglementierungen, ähnlich wie in Kenya und Tanzania waren deshalb nicht erforderlich, und bei Lizensierungen wurde nicht zwischen dem öffentlichen und dem privaten Gütertransport differenziert. Gesicherte Angaben über die Kapazität und das Leistungsangebot lagen deshalb kaum vor, und der interessante Vergleich, wie unterschiedlich sich dic Gütertransportsysteme unter reglementierten bzw. marktwirtschaftlichen Bedingungen entwickelt haben, ist nicht durchführbar.

Die geringe mittlere Fuhrparkgröße in Kenya und Tanzania von nur etwa zwei Fahrzeugen pro Transportunternehmen resultierte aus einer sehr großen Anzahl kleiner Anbieter (oft Ein-Mann-Betriebe) und einer begrenzten Anzahl großer Anbieter. So wurde in Kenya etwa die Hälfte der Fahrzeugkapazität von fast 90% der Transportunternehmer gestellt, während 2% der Fuhrunternehmer rund 25% der Kapazität aufbrachten. In Tanzania war die Größenstruktur sehr ähnlich. Das räumliche Organisationsmuster sah dabei im Grunde so aus, daß die große Masse der kleinen Unternehmer ihre Transportleistungen in den kurzen und mittleren Distanzen, d. h. insbesondere in städtischen und stadtnahen Gebieten offerierten, und die großen Unternehmer mehr im Überlandverkehr, z. T. mit regelmäßigem Service, tätig waren. Während der schienengebundene Gütertransport protegiert wurde, traten die Eisenbahngesellschaften ihrerseits im Straßengütertransport z. T. mit angemieteten, z. T. mit eigenen Fahrzeugen auf. Dies geschah nicht nur bei Engpässen ihrer Schienenleistung, sondern in Ergänzung ihrer Fernverkehrsfunktion auch im großstädtischen Nahbereich und darüber hinaus im Überlandverkehr in Gebieten ohne aus-

Tabelle 7 Länge und Beschaffenheit des Straßennetzes in Kenya, Uganda und Tanzania

	Kenya 1968			Uganda 1967			Tanzania 1968		
	Haupt-straßen (km)	Neben- u. sonst. Straßen (km)	ins-gesamt (km)	Haupt-straßen (km)	Neben- u. sonst. Straßen (km)	ins-gesamt (km)	Haupt-straßen (km)	Neben- u. sonst. Straßen (km)	ins-gesamt (km)
Straßen unter staatlicher Verwaltung	*6 177*	*10 558*	*16 735*	*2 995*	*3 033*	*6 028*	*5 418*	*11 278*	*16 696*
davon: Asphaltstraßen	1 794	555	2 349	1 059	219	1 278	1 154	537	1 691
sonstige befestigte Straßen	2 993	9 493	12 486	1 936	2 814	4 750	362	718	1 080
unbefestigte Straßen	1 390	510	1 900	.	.	.	3 902	10 023	13 925
Straßen unter lokaler Verwaltung			*25 182*			*18 780*			*17 152*
Straßen insgesamt			*41 917*			*24 808*			*33 848*

. keine Angabe

Quelle: EATS 1969 b, S. 69, 83, 98

reichende schienenmäßige Erschließung, insbesondere im Süden Tanzanias. In Uganda schienen solche regelmäßigen Strukturen weniger ausgeprägt zu sein. Das lag an der fehlenden Reglementierung des Straßentransportwesens, aufgrund derer neben den eigentlichen Transportunternehmen auch andere Lastkraftwageneigner, wie Landwirtschafts-, Handels- oder Industriebetriebe, Transportkapazitäten anboten. Ein nicht bekannter, vermutlich aber beträchtlicher Teil, sowohl der zwischenstädtischen Gütertransporte als auch des Transports zwischen Stadt und Land wurde so in Form von Zuladungen oder unter Ausnutzung leerer Rückfahrtkapazitäten organisiert. Lediglich der Markt für grenzüberschreitenden Fernverkehr und für Spezialtransporte blieb den eigentlichen Speditionen weitgehend konkurrenzlos vorbehalten. Diese Struktur schien auch dazu beizutragen, daß es in Uganda noch weniger als in Kenya und Tanzania zur Ausbildung großer Transportbetriebe kam.

Die Hauptlast der Personenbeförderung trug der Busverkehr. Er tat dies sowohl im Stadt-Umland-Bereich, angesichts der geringen Individualmotorisierung, als auch im Überlandverkehr, einerseits wegen der geringen Flächenwirksamkeit des Eisenbahnsystems, andererseits aber auch aufgrund der schwachen Bedienungsfrequenzen im schienenerschlossenen Gebiet.

So war ein durchaus raumdeckendes und (zumindest in Kenya und Tanzania) relativ wohlfunktionierendes, im einzelnen natürlich der regionalen Besiedlungsdichte und dem wirtschaftlichen Entwicklungsstand angepaßtes Bussystem vorzufinden. Man konnte in etwa davon ausgehen, daß die Großstädte in einem mindestens 50-km-Radius durch mehrmals täglich befahrene Linien mit ihrem Umland verbunden waren. Auch alle einigermaßen bedeutenden zentralen Orte im ländlichen Raum waren in der Regel durch mindestens zweimal täglich verkehrende Linien von ihrem Umland aus erreichbar. Im zwischenstädtischen Überlandverkehr wurden (zum Vergleich) konkurrierende Strecken mindestens ebenso häufig, oft auch zehnmal oder häufiger von Bussen bedient wie von der Eisenbahn (mit Personen- und gemischten Zügen). Die Verkehrserschließung durch Busse erfolgte dabei, sofern die Straßenqualität dies zuließ. mit mehr oder weniger großer Zuverlässigkeit fahrplanmäßig. In Kenya waren rund 2 700, in Tanzania 1 600 Busse zur öffentlichen Personenbeförderung eingesetzt. In der Betriebsgrößenstruktur standen dabei, ähnlich wie beim Gütertransport, einer großen Anzahl kleiner Busunternehmer wenige große Gesellschaften gegenüber. So lag in Tanzania z. B. die durchschnittliche Fuhrparkgröße unter drei Bussen. Bei den größeren Anbietern machten staatliche und kommunale Unternehmen sowie auch die Eisenbahngesellschaft einen beträchtlichen Anteil aus. Etwas anders gelagert war die Situation in Uganda, mit insgesamt rund 700 Bussen. Monopolistische Tendenzen hatten die Entwicklung einer Großgesellschaft zur Folge, die mit ca. 20% der Buskapazität des gesamten Landes vor allem im Großraum Kampala dominierte und damit etwa 80% aller planmäßig befahrenen Linien des Landes bediente. Im Gegensatz zu Kenya und Tanzania waren auch nur sehr wenige kleine Anbieter am Markt beteiligt. Das Bussystem schien auch insgesamt weniger gut zu funktionieren, was zur Folge hatte, daß im ganzen Land, und zwar insbesondere im Verkehr zwischen größeren Städten, in beachtlichem Umfang illegal betriebene Taxidienste in Erscheinung traten.

4.3.3 Schiffsverkehr

4.3.3.1 Binnenschiffsverkehr

Victoria-, Tanganyika-, Albert-, Kyoga- und Rudolfsee bieten Möglichkeiten binnenländischer Verkehrsverbindungen zu Wasser. Am Victoriasee (mit 68 800 km² immerhin etwa von der Ausdehnung Bayerns) haben sowohl Uganda als auch Tanzania und Kenya Anteil. Mit Jinja, Mwanza und Kisumu verfügen auch alle drei Länder über Häfen, die an das Eisenbahnnetz angebunden sind. Der Tanganyikasee (32 900 km²) ist für Ostafrika aufgrund seiner extrem peripheren Lage von weit geringerer Bedeutung. Anteile haben Tanzania und Zaire sowie in kleinerem Umfang auch Burundi und Zambia. Seine Hauptverkehrsspannung ergibt sich aus der Verbindung der Ostprovinzen von Zaire und der Binnenstaaten Zambia und Burundi über die Zentralbahn Kigoma-Dar es Salaam mit dem Indischen Ozean. Der Schiffsverkehr wurde auch fast ausschließlich von diesen Staaten organisiert und sei hier nicht weiter besprochen. Ebenso peripher gelegen ist der Albertsee (5 300 km²). Er bildet die Grenze zwischen Uganda und Zaire, besitzt aber außerdem über den Albertnil eine schiffbare Verbindung zum Sudan. Zur Gänze innerhalb von Uganda liegt der Kyogasee (ca. 2 000 km²). Relativ flach und mit vielfach versumpften Armen, ist er nur bedingt als Verkehrsweg geeignet. Seine Hauptverkehrsfunktion bestand früher in der Anbindung der Westnil-Provinz (über die Straße und den Victorianil) an die Bahnstation nach Namasagali. Auf dem Albert- und dem Kyogasee wurden 1962 die bestehenden Hafen- und Umschlagseinrichtungen durch Hochwasser stark beschädigt und der linienmäßig betriebene Schiffsverkehr daraufhin eingestellt. Straße und Schiene mußten die ausgefallene Transportleistung übernehmen. Der Bau der Eisenbahnstrecke nach Gulu und Pakwach und die geplante Weiterführung nach Arua sind in diesem Zusammenhang zu sehen. Auf dem Rudolfsee (8 500 km²), abgesehen vom äthiopischen Nordufer in Kenya gelegen, ist es aufgrund der fehlenden Verkehrsspannung zwischen den dünn besiedelten Küsten und der ungünstigen Lage für Fernverbindungen nicht zur Entwicklung von Transportsystemen gekommen.

Bedeutung kommt damit hauptsächlich dem Victoriasee zu. Seine Kommunikationsfunktion wurde durch die Errichtung der Eisenbahnfähren zwischen Kisumu, Mwanza und Jinja wesentlich aufgewertet. Dadurch erhielten die Kenya-Uganda-Bahn und die tanzanische Zentrallinie auch im Westen eine Verbindung, was sowohl eine wichtige Erleichterung für die Organisation des rollenden Verkehrs bedeutete als auch Uganda und dem Nordwesten Tanzanias einen zweiten (potentiellen) Weg zum Indischen Ozean eröffnete. Zur Zeit der Feldstudien wurden allerdings nur Kisumu und Mwanza regelmäßig angelaufen, Jinja lediglich bei Bedarf. In Musoma waren Arbeiten im Gange, um Anlege- und Umschlagseinrichtungen für die Eisenbahnfähre zu bauen. Diese sollten die Möglichkeit von Zwischenlandungen schaffen. Konkrete Pläne für eine landseitige Schienenanbindung Musomas bestanden nicht.

Neben der Eisenbahnfähre waren verschiedene weitere, meist mit stark veralteten Schiffsbeständen ausgestattete Linien tätig. Alle befanden sich im Besitz der EAR&H.

[2] Im Gegensatz dazu sind in der Karte die Ströme aller Güter dargestellt. Handelsgüter haben daran einen Anteil von etwa 80—85%.

Größte Bedeutung im Passagierverkehr hatte die Route Kisumu-Mwanza-Bukoba-Port Bell und zurück. Sie wurde, bei einer Gesamtfahrzeit von rund zwei Tagen, jeweils einmal wöchentlich bedient und war mit drei Komfortklassen ausgestattet. In Ergänzung dazu trat die ebenfalls einmal pro Woche verkehrende, zusätzlich aber auch im Gütertransport tätige Linie Mwanza-Bukoba-Port Bell und zurück. Die schienen- und straßenmäßig besser ausgestattete Nordseite des Victoriasees wurde auf dem Wasserweg nicht linienmäßig bedient. Kleinräumigere planmäßige Linien zur Beförderung von Personen und Gütern verkehrten ferner im Bereich des Kavirondo Golfes (Kisumu-Kendu Bay-Homa Bay), wo der Wasserweg weit kürzer ist als der Landweg, und zur Anbindung der Sese-Inseln (Lutoboka-Bufumira-Kiungu-Bubeke-Kome-Port Bell) und der Ukerewe-Inseln (Nansio-Mwanza) an das Festland.

Im nicht linienmäßigen Güterverkehr, soweit er von der EAR&H organisiert wurde, boten darüber hinaus sechs eigenmotorisierte Frachtschiffe, darunter ein kleiner Tanker, sowie rund 30 schleppergezogene, meist ebenfalls stark veraltete Kähne mit zusammen etwa 4 000 t Ladefähigkeit ihre Transportkapazität an. Sie leisteten in der Regel Zubringerdienste zwischen den kleineren und den größeren Häfen (Näheres s. z. B. WEIGT 1971).

4.3.3.2 Seehäfen

Die flache, wenig gegliederte Küste Ostafrikas, ohne Mündungen schiffbarer Flüsse, bietet nur ungünstige Voraussetzungen für die Anlage größerer Hafenstandorte. Aus einer Reihe ehemaliger kleinerer Häfen konnten nur zwei (Mombasa und Dar es Salaam) eine beachtliche und zwei weitere (Tanga und Mtwara) eine nennenswerte Bedeutung erreichen. Ihre Entwicklung steht in einem unmittelbaren Zusammenhang mit der verkehrsmäßigen Erschließung und mit der Größe des Hinterlandes. Sie alle sind oder waren Ausgangs- bzw. Endpunkte von Bahnlinien (zu den ostafrikanischen Seehäfen s. insbesondere HOYLE 1963, 1967 und 1978; vgl. auch EATS 1969 b, S. 333—364).

Mombasa wickelte z. Zt. der Feldarbeiten praktisch den gesamten internationalen Handel Kenyas und Ugandas ab, ebenso einen beträchtlichen Teil der Importe und Exporte des nordosttanzanischen Raumes um Moshi und Arusha. Es konzentrierte damit über zwei Drittel des gesamten ostafrikanischen Überseeumschlages auf sich (s. *Tab. 15*). Die Importe überwogen die Exporte bei weitem. Haupteinfuhrgut war Rohöl. Der Hafen war bereits 1923 mit einem Tiefwasseranlegeplatz ausgestattet und seitdem immer weiter ausgebaut worden. Ende der sechziger Jahre verfügte er über 13 Anlegeplätze von 9—10 m Tiefe mit rund 2,2 km Kailänge. Für den Ölumschlag gab es eine Mole für zwei Tanker bis zu 65 000 tdw und 250 m Länge. Einer relativ guten landseitigen Verkehrsanbindung standen beengte Verhältnisse im Hafengelände gegenüber. Diese bedeuteten eine langsame Umschlagsabwicklung und führten zusammen mit einer hohen wasserseitigen Kapazitätsauslastung oft zu überlanger Schiffswartedauer, insbesondere in den Regenzeiten.

Dar es Salaam schlug rund ein Viertel des ostafrikanischen Überseehandels um. Fast die Hälfte davon waren Transitgüter von und nach Zambia, Rwanda, Burundi und dem östlichen Kongo. Insgesamt überwogen auch hier, infolge hoher Rohölimporte, die Einfuhren mit Abstand. Der Ausbau zum Tiefwasserhafen war erst in den fünfziger Jahren durchgeführt worden. Mit nur drei Tiefwasseranlegeplätzen bei rund 550 m Kailänge und einer Ölumschlagmole für Tanker bis zu etwa 10 m Tiefgang und 175 m Länge blieb die Kapazität weit hinter der von Mombasa zurück und war ebenso ausgeschöpft. (Zwei weiter Tiefwasseranlegeplätze und ein offshore-Ölterminal außerhalb des eigentlichen Hafengebietes wurden später eingerichtet.) Hauptproblem bildete eine enge Hafenzufahrt, nur für Schiffe bis zu 180 m Länge. Die landseitigen Verkehrsanbindungen waren ausgezeichnet; Hafengelände und Lagermöglichkeiten ausreichend für eine reibungslose Umschlagsabwicklung.

Tanga und Mtwara hatten nur ein regionales Hinterland und dienten überwiegend dem Export agrarer Erzeugnisse. Ihr Güterumschlag war bescheiden und ihre Kapazität bei weitem nicht ausgelastet. In Tanga konnten größere Schiffe nur im Leichterverkehr gelöscht und beladen werden. Mtwara dagegen war im Rahmen des Erdnußprojektes um Nachingwea mit zwei 10-m-Tiefwasseranlegeplätzen mit zusammen 380 m Kailänge ausgestattet worden und konnte von Schiffen mit bis zu 175 m Länge angelaufen werden.

Während die Organisation aller vier Häfen der EAH unterstand, waren staatliche Stellen in der Seefahrt selbst kaum engagiert. Sie unterhielten im Rahmen der EAS, einer gemeinsamen Gesellschaft von Kenya, Uganda, Tanzania und Zambia, lediglich zwei seetüchtige Frachtschiffe. Insgesamt waren in Kenya und Tanzania (1970) nur 33 Handelsschiffe (mit zusammen 37 000 BRT), darunter fünf Tanker (zusammen 3 400 BRT), registriert.

4.3.4 Flugverkehr

Mit Nairobi, Dar es Salaam, Entebbe und Mombasa verfügte Ostafrika über vier internationale Flughäfen. Alle waren für den Düsenflugverkehr ausgestattet. Nairobi, als wichtige Verteilerzentrale in Afrika, nahm im Verkehrsaufkommen eine Spitzenstellung ein (s. *Tab. 8*). Außer von den EAA wurden Nairobi (20), Entebbe (16) und Dar es Salaam (13)

Tabelle 8 Verkehrsaufkommen der Flughäfen von Nairobi, Dar es Salaam, Entebbe und Mombasa (1971)

	Nairobi	Dar es Salaam	Entebbe	Mombasa
Passagiere (1 000)				
Einsteiger	386,4	120,2	92,8	80,4
Aussteiger	378,4	136,3	87,8	78,3
Durchreisende	233,9	48,1	183,0	31,9
Fracht (1 000 t)				
Empfang	6,2	2,3	2,1	0,3
Versand	11,4	1,9	1,6	0,4

Quellen: Länderkurzberichte Kenia 1973, S. 26 — Länderkurzberichte Uganda 1976, S. 24 — Länderkurzberichte Tansania 1976, S. 25

auch von ausländischen Fluggesellschaften linienmäßig bedient und in das interkontinentale Luftverkehrsnetz (außer Australien und Lateinamerika) eingebunden. Daneben kam dem touristisch geprägten internationalen Charterverkehr Bedeutung zu.

Zweiundzwanzig weitere Flughäfen, üblicherweise in den größeren Orten lokalisiert, wurden auf nationaler Ebene frequentiert (s. *Tab. 9*). Das weitaus dichteste und gleichmäßigste Netz besaß Tanzania. Der gesamte innerostafrikanische Linienflugverkehr wurde von den EAA abgewickelt. Charterverkehr mit kleineren Flugzeugen ergab sich zwischen den Städten und Fremdenverkehrsattraktionen des Hinterlandes und der Küste. Träger waren ostafrikanische Gesellschaften wie die Caspair und die Safari Air Services.

Der Luftfrachtverkehr (s. auch EATS 1969 b, S. 364A—364C und FUNNELL 1970) spielte angesichts der Güterstruktur des Binnen- und Außenhandels keine erhebliche Rolle. Mehr oder weniger regelmäßig per Luftfracht beförderte Güter waren im Inland besonders verderbliche oder hochwertige Waren (Meeresfrüchte von der Küste, Rohdiamanten aus tanzanischen Minen) und im Export insbesondere Gartenbauerzeugnisse (Frischgemüse, Schnittblumen), ferner touristische Artikel (Schnitzereien), exotische Pflanzenprodukte (Papain aus dem Kongo, Gewürze) und kleinere Mengen an Tee- und Kaffeewarenproben.

Tabelle 9 Frequentierung linienmäßig bedienter Flughäfen in Ostafrika (1970)

Tanzania		Kenya		Uganda	
Flughafen	Starts pro Woche	Flughafen	Starts pro Woche	Flughafen	Starts pro Woche
international					
Dar es Salaam	117	Nairobi	126	Entebbe	97
		Mombasa	60		
national					
Zansibar	44	Malindi	14	Jinja	10
Tanga	31	Kisumu	10	Murchison Falls	9
Arusha	22			Kasese	7
Moshi	19				
Iringa	14				
Bukoba	10				
Tabora	6				
Lindi	5				
Mafia	5				
Mtwara	5				
Dodoma	4				
Mbeya	4				
Musoma	4				
N'Jombe	4				
Songea	3				
Kilwa	2				
Nachingwea	2				

Quelle: ABC WORLD AIRWAYS GUIDE 1970

4.4 Das Verkehrsaufkommen im Darstellungsbereich der Karte E 13

Das Blatt E 13 des Afrika-Kartenwerkes gibt für einen Teilraum des geschilderten ostafrikanischen Verkehrssystems Standorte und Verläufe der Verkehrsinfrastruktur wieder und macht Angaben über Intensitäten von Verkehrsströmen und Belastungen von Verkehrseinrichtungen. Erfaßt sind im wesentlichen die Gebiete um und zwischen Nairobi und Kampala, d. h. die ökonomisch wichtigsten Bereiche von Kenya und Uganda (s. *Kap. 2*).

An Bahnlinien beinhaltet die Karte den westlichen Abschnitt der Kenya-Uganda-Bahn von Mombasa nach Kampala, deren Hauptachse den Darstellungsbereich von Südost nach Nordwest quert und die über die Eisenbahnfähren des Victoriasees Anbindung an die tanzanische Zentralbahn erhält. Von dieser Hauptlinie zweigen Nebenlinien ab zu zentralen Orten der Agrargebiete im kenyanischen Hochland (Nanyuki, Thomson's Falls, Kitale), in den Nordosten Ugandas (verläßt den oberen Kartenrand in Richtung Pakwach), zum Victoriasee (Hafen Kisumu und umgebendes Agrargebiet) und zu den Sodavorkommen des Magadisees. Nach Westen (die Karte verlassend) setzt sich die Hauptlinie zur Anbindung des Kupferbergbaugebietes von Kilembe fort bis Kasese.

Zur genaueren Analyse der in der Karte dargestellten, den Schienenweg benutzenden Güterverkehrsströme mögen die *Figur 2* und die *Tabellen 10—12* dienen. Zur Frequentierung der Bahnlinien s. *Tabelle 6.*

Figur 2 beinhaltet eine Zusammenstellung und Bilanzierung der im Darstellungsbereich umgeschlagenen Handelsgüter[2] nach groben Ziel- und Quellgebieten (unter Vernachlässigung Tanzanias). Daraus wird die Bedeutung zweier sich überlagernder Funktionen der Bahn ersichtlich. Sie dient nur zum geringeren Teil dem Güteraustausch zwischen den Städten sowie zwischen Stadt und Land innerhalb des Darstellungsbereiches (Güterumschlag mit Ziel- und Quellgebiet innerhalb des Kartenausschnittes ca. 1,3 Mio. t pro Jahr). Fast doppelt so groß (ca. 2,4 Mio. t pro Jahr) ist der Güterumschlag von und nach außerhalb. Er verdeutlicht im wesentlichen die Hauptaufgabe der Bahn, den Darstellungsbereich in seiner Import- und Exportabhängigkeit an die Küste, insbesondere an den Hafen Mombasa anzubinden. In der Karte E 13 wird dies durch die (im Grundsatz) sowohl im „Berg-" als auch im „Talverkehr" mit zunehmender Küstennähe anwachsende Bandbreite deutlich. Diese repräsentiert z. B. am unteren rechten Kartenrand eine einströmende Gesamtgütermenge von rund 1,8 Mio. t und eine ausströmende Gesamtgütermenge von rund 1,0 Mio. t. Mit dem Erreichen von Kampala machen die Güterströme nur mehr ca. 0,5 bzw. ca. 0,4 Mio. t aus. Auf den Zweigstrecken liegen die Gütermengen in der Regel (Ausnahme: Kisumu-Nakuru) unter dem Schwellenwert von 0,2 Mio. t (s. auch *Tab. 11*).

Tabelle 10 beinhaltet die zwischen „Verkehrszonen" (s. dazu *Kap. 2.3*) der Hauptlinie transportierten Mengen ausgewählter Warengruppen. Sie repräsentieren rund 70% aller beförderten Güter. Es zeigt sich für einige Warengruppen eine eindeutige „Talorientierung" (z. B. Kaffee, Baumwolle) und für einige eine eindeutige „Bergorientierung" (z. B. Brennstoffe, Maschinen, Transportgüter). Andere Warengruppen orientieren sich z. T. oder sehr stark an den örtlichen Zentren des Verbrauchs oder der Verarbeitung (z. B. lebende Tiere, Getreide, Zucker). Die warengruppenmäßige Differenzierung und die mengenmäßige Zusammensetzung der Güterströme spiegelt die Charakteristika der

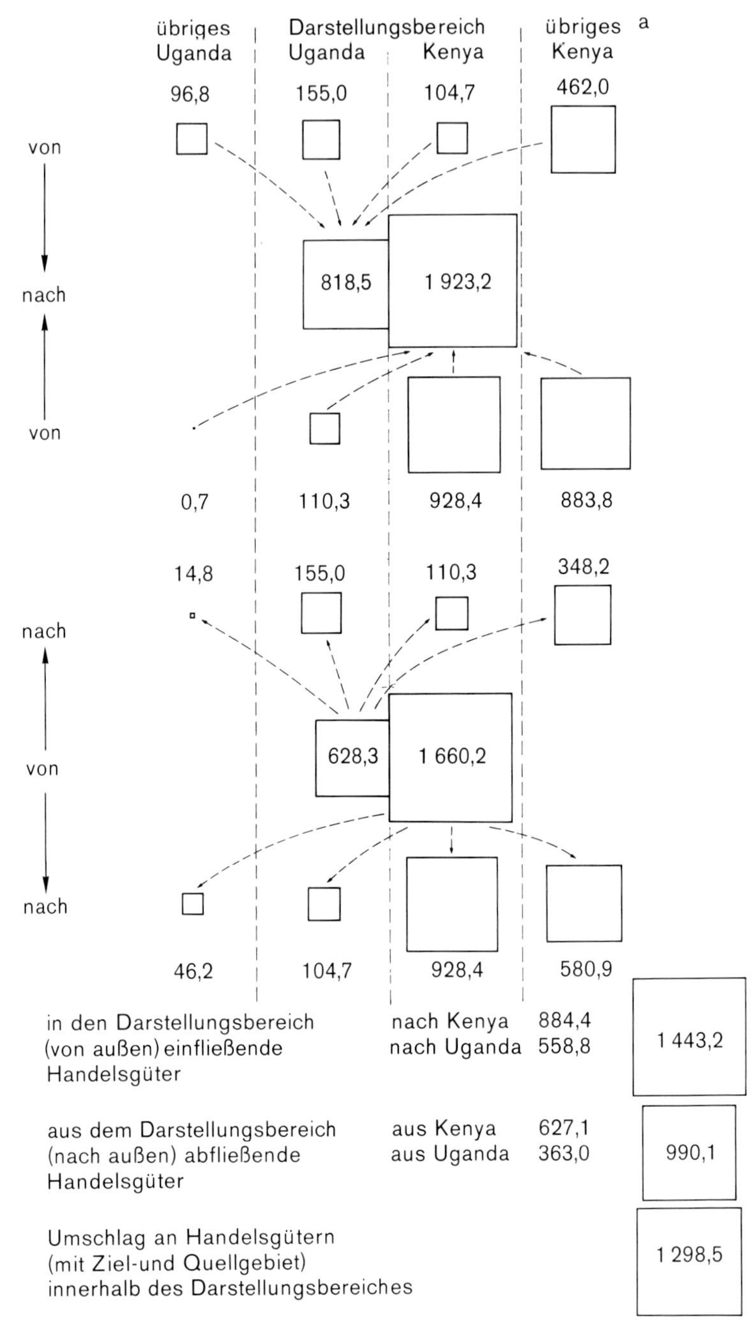

a insbesondere Mombasa sowie Importe und Exporte über Mombasa

Quelle: EATS 1969 c,S.52-61

Figur 2 Mengen sowie grobe Quell- und Zielgebiete der im Darstellungsbereich der Karte E 13 umgeschlagenen und auf dem Schienenweg transportierten Handelsgüter (1967, in 1 000 t)

Tabelle 10 Transportierte Mengen ausgewählter Warengruppen zwischen Verkehrszonen der Eisenbahnhauptlinie im Darstellungsbereich der Karte E 13 (1967)

Warengruppe	Richtung	(1 000 t) Verkehrszonen: Kasese — Kampala	Kampala — Jinja	Jinja — Tororo	Tororo — Eldoret	Eldoret — Timboroa	Timboroa — Nakuru	Nakuru — Nairobi	Nairobi — Konza	Konza — Makindu Voi Mombasa
lebende	→	0	0	0	0,4	5,3	8,5	27,4	28,9	1,8
Tiere	←	0	13,6	15,8	4,0	3,7	2,8	1,5	7,0	5,1
Getreide und	→	0,1	8,8	12,9	70,2	223,1	239,8	373,1	260,9	260,8
Getreideerzeugnisse	←	2,1	19,4	67,5	71,3	46,6	40,8	43,3	43,6	43,8
Obst und	→	0	13,1	11,8	13,2	12,4	12,6	17,2	21,1	20,9
Gemüse	←	0,1	4,8	8,1	6,9	5,4	4,3	3,9	8,0	8,1
Baumwolle	→	3,3	15,4	23,9	63,6	65,1	74,1	83,5	94,9	95,1
	←	0,3	0,5	10,3	0,9	1,0	1,0	1,7	9,0	9,0
Zucker	→	0	14,9	30,9	30,8	24,2	24,1	40,7	0,9	0,5
	←	0	1,5	1,4	2,3	3,9	4,1	2,4	26,6	29,5
Kaffee	→	11,7	163,6	163,6	171,8	172,8	172,9	187,3	229,8	229,8
	←	0,1	0,1	0,1	0	0	0	0	0,2	0,2
Holz und	→	0,2	4,7	5,4	6,1	24,3	31,2	56,2	21,8	21,3
Holzschliff	←	0,2	7,6	9,2	24,7	11,8	9,0	4,0	4,9	4,9
Düngemittel	→	0	0,2	0,1	15,8	11,0	10,2	6,7	0,9	0,7
	←	5,6	15,9	20,2	21,5	48,4	49,1	68,7	82,9	82,2
Zement	→	0	0	0	0,7	0,5	0,5	0,5	9,3	9,2
	←	2,7	32,5	35,1	15,3	24,1	24,5	67,5	128,9	80,4
Brennstoffe und	→	0	0,4	0,2	0,1	0,1	0,1	0,3	1,2	1,2
Petroleumprodukte	←	23,3	188,9	220,5	254,1	284,5	284,6	388,4	677,5	686,2
Chemikalien	→	0	0,6	0,3	0,5	9,1	9,1	9,6	17,0	115,9
	←	1,2	12,0	17,6	20,3	22,2	21,8	28,2	40,1	32,3
metallische Rohstoffe	→	60,1	66,1	26,5	25,8	25,6	25,6	25,9	22,8	22,8
und Halbfabrikate	←	5,1	32,5	33,7	42,9	45,4	45,5	59,6	97,9	97,9
Maschinen	→	0,1	1,1	1,6	1,4	1,5	1,5	1,6	2,2	2,3
	←	2,1	11,5	14,3	17,8	19,3	19,4	27,4	40,6	40,7
Transportgüter	→	0	0,3	0,4	0,3	0,4	0,4	0,5	0,9	0,9
	←	0,1	9,1	9,7	10,2	10,5	10,5	10,4	25,7	25,7
alle	→	94	369	412	562	746	780	1 073	965	1 035
Warengruppen	←	55	482	662	715	793	782	1 070	1 813	1 753

Quelle: EATS 1969 j, Fig. 6—39

Tabelle 11 Wichtige auf den Nebenbahnen und Fährverbindungen des Darstellungsbereiches der Karte E 13 transportierte Waren (Anteil ≧ 10 %; 1967)

bewerteter Streckenabschnitt	Richtung	Gütermenge insgesamt (1 000 t)	Anteil der Warengruppen (%)													
			lebende Tiere	Getreide und Getreideerzeugnisse	Baumwolle	Zucker	Kaffee	andere Nahrungs- und Genußmittel	Futtermittel	Ölsaaten, Öle und Fette	Holz und Holzschliff	Düngemittel	Zement	Brennstoffe und Petroleumprodukte	Chemikalien (Soda)	Kupfererze und -konzentrate
Magadi—Konza	→	138													77	
	←	12												57		
Thika—Nairobi	→	148		35			15									
	←	193		15		15							13	11		
Thomson's F.—Gilgil	→	40	13	68							14					
	←	19				11						15		22		
Molo—Nakuru	→	254		39		10										
	←	232										14		28		
Kitale—Eldoret	→	138		86												
	←	53										37		14		
Mbale—Tororo	→	100	13		37				14	20						
	←	76												36		
Kasese—Kampala	→	94					12									64
	←	55										10		42		
Mwanza—Jinja	→	8						21								
	←	32		45												13
Mwanza—Kisumu	→	16		20					21	38						
	←	19									24			23		

Quelle: EATS 1969 j, Fig. 6—39

Außenhandelsstruktur der Länder und die Bedeutung und Struktur der Innen- und Außenverflechtung des Darstellungsbereiches wider. Ist die Zusammensetzung der Güterströme auf der Hauptlinie noch relativ vielfältig, so zeigen die Zweiglinien meist eine stärkere Spezialisierung, die überwiegend aus den regionalen agraren und bergbaulichen Produktionsgegebenheiten und dem Bedarf an Energieträgern und Düngemitteln resultiert (s. *Tabelle 11*). Der Güterumschlag an einzelnen Stationen ist aus der Karte E 13 nicht ersichtlich. Er ist deshalb für die wichtigsten Umschlagsplätze, das sind naturgemäß die größeren Städte als Zentren der Verarbeitung und des Konsums (ferner: Magadi), in *Tabelle 12* gesondert aufgeführt.

Tabelle 12 Handelsgüterumschlag der wichtigsten Bahnstationen (mehr als 100 000 t Gesamtumschlag pro Jahr) im Darstellungsbereich der Karte E 13 (1967)

Bahnstation	abgehend (t)	ankommend (t)	insgesamt (t)
Nairobi	281 453	1 152 287	1 433 740
Kampala	249 284	371 728	621 012
Jinja	85 056	198 773	283 829
Nakuru	114 598	139 928	254 526
Eldoret	109 851	86 519	196 370
Athi River	80 274	115 771	196 045
Kitale	90 896	51 047	141 943
Magadi	133 371	8 375	141 746
Kisumu	32 219	99 231	131 450
Kawolo (Lugazi)	25 078	86 151	111 229
Tororo	67 581	40 265	107 846
Thika	43 317	56 899	100 216

Quelle: EATS 1969 c, S. 69—73

Anders als der Schienenverkehr dient der Straßenverkehr weniger der überregionalen Fernkommunikation als der Anbindung der ländlichen Gebiete an die Zentren und der Verbindung der Städte untereinander. Eine hohe Verkehrsdichte wird besonders im näheren Umland größerer Städte erreicht, ebenso zwischen größeren Städten, sofern keine weiten Distanzen zu überwinden sind. Als Zentren, deren Einzugs- und Ausstrahlungskraft besonders deutlich wird, treten naturgemäß die Hauptstädte Nairobi und Kampala hervor. Bei weniger großen Orten wird die Umlandverflechtung nur bedingt ersichtlich (Kisumu, Kitale). Der Einfluß zwischenstädtischer Beziehungen tritt etwa auf den Strekken Kampala-Entebbe, Kampala-Jinja, Tororo-Mbale oder Nairobi-Thika hervor. Über größere Entfernungen besitzt die Straße keine ausgeprägte überbrückende Funktion. So ist die Achse Nairobi-Kampala durch Straßenverkehrsströme nicht ausgeprägt, und die Straße, die Nairobi im Südosten verläßt und die Anbindung des Darstellungsbereiches an die Küste nach Mombasa bedeutet, erreicht mit rund 170 Kraftfahrzeugen pro Tag (am Kartenrand) nur eine bescheidene Befahrungsfrequenz. Insgesamt nimmt die Frequentierung der Straßen mit zunehmender Distanz von den großen Städten und den Schienenverbindungen rasch ab und sinkt in der Regel spätestens bei einer Entfernung von rund 100 km unter die Erfassungsschwelle. Eine Differenzierung nach Fahrzeugarten wurde in der Karte E 13 nicht vorgenommen. Die diesbezügliche Struktur zeigt ebenfalls eine sehr deutliche Abhängigkeit von der Distanz zu größeren Zentren und zu Bahnlinien, die mit der Straße konkurrieren. In Kenya liegt der Anteil des Schwerverkehrs (Busse und Lkw) an der Gesamtfrequentierung unmittelbar entlang der Hauptachse und auf allen anderen schienenparallelen Strecken meist zwischen 20 und 30%, gelegentlich auch geringfügig darunter, aber nie über 40%. Auf Straßen, die davon ausgehend das Land erschließen, nimmt die relative Bedeutung des Bus- und Lkw-Verkehrs rasch zu. Bis zu einer Entfernung von grob 50 km von größeren Städten und Schienenverbindungen liegt der Anteil meist zwischen 40 und 50%. Bei größerer Distanz steigt er oft noch höher an. Im ugandischen Darstellungsbereich ist die relative Bedeutung des Schwerverkehrs angesichts der überwiegend zwischenstädtischen Verflechtungen mit höherem Pkw-Anteil und gleichzeitig schienenparallelem Straßenverlauf insgesamt geringer. Bei Straßen, die von der Hauptachse abzweigen und weiter in den nicht schienenmäßig erschlossenen Raum vorstoßen, läßt sich aber ebenfalls eine sehr ähnliche Grundstruktur nachweisen[3].

Für den Binnenschiffsverkehr zeigt die Karte E 13 das Aufkommen an Gütertransporten im nördlichen und östlichen Teil des Victoriasees, soweit es von Schiffen der EAR&H abgewickelt wurde. Funktionsweise, Frequenzen und Kapazitäten des Binnenschiffsverkehrs sind im wesentlichen bereits im *Kapitel 4.3.3.1* dargelegt. Zum Passagierverkehr, der insbesondere im Bereich des Kavirondo Golfes, aber auch auf den größeren Linien, durchaus respektable Ausmaße besitzt, s. auch *Tabelle 13.*

Für den Güterverkehr finden sich zwei Transportsysteme, die Eisenbahnfähren und der traditionelle Schiffsverkehr. Die Funktion der Eisenbahnfähren liegt primär in der Verknüpfung der Kenya-Uganda-Bahn mit der tanzanischen Zentralbahn. Dadurch wird einerseits der Austausch von Kapazitäten angesichts unterschiedlicher Spitzenbelastungszeiten auf beiden Linien erleichtert. (Die Spitzenbelastung der Kenya-Uganda-Bahn findet etwa im März statt, die geringste Belastung von Juni bis August. Bei der Zentrallinie liegen die Spitzenbelastung im August und das niedrigste Verkehrsaufkommen von März bis April.) Andererseits eröffnen sie sowohl Uganda als auch dem Norden Tanzanias (insbesondere bei Streckenüberlastungen) einen zweiten Schienenweg zum Indischen Ozean. Die Fähren dienen dementsprechend dem Fernverkehr und nicht der Überbrückung der Verkehrsspannung zwischen den Küstenorten des Victoriasees. Das Transportvolumen ist in Relation zu den üblicherweise auf dem Schienenweg zu Lande beförderten Mengen absolut unbedeutend. Es macht aber (1967, d. h. im ersten Jahr nach Inbetriebnahme der Fähren) immerhin rund ein Drittel aller Gütertransporte auf dem Victoriasee aus. Die

[3]

Straße	Entfernung von Kampala/ Mbala (Meilen)	Anteil des Schwerverkehrs (%)
Kampala-Masindi	10	17
	30	23
	50	31
	95	47
Mbale-Moroto	10	20
	20	35
	45	54

Tabelle 13 Passagierverkehr und Güterumschlag auf dem Victoriasee innerhalb des Darstellungsbereiches der Karte E 13

Passagierverkehr (1967)			beförderte Passagiere
größere Linien			
Port Bell—Bukoba			53 100
Kisumu—Musoma			40 800
Musoma—Mwanza			34 900
kleinere Linien			
Kisumu—Kendu Bay—Homa Bay (Kavirondo Golf)			71 600
Lutoboka—Bufumira—Kiungu—Bubeke—Kome—Port Bell (Sese Inseln)			16 300
Güterumschlag (1966)	**an (t)**	**ab (t)**	**insgesamt (t)**
Hafen			
Kisumu	53 700	52 300	106 000
Musoma	16 500	15 700	32 200
Port Bell	3 000	7 100	10 100
Kendu Bay	2 800	3 300	6 100
Homa Bay	2 800	1 800	4 600
Mohoru Bay	2 600	700	3 300

Quellen: EATS 1969 b, S. 47, 48 — EATS 1969 g, S. 350

Hauptfährlinien sind Kisumu-Mwanza und Jinja-Mwanza (s. *Tabelle 13*). Das Frachtaufkommen auf der nur sporadisch frequentierten Strecke Kisumu-Jinja ist unbeachtlich.

Der weitaus größte Teil der Gütertransporte auf dem Victoriasee wird von kleineren Motorschiffen und Schleppkähnen abgewickelt. Ihre Funktion liegt z. T. in der Verbindung der größeren Küstenorte, überwiegend aber in der Anbindung der landseitig verkehrsmäßig schlecht erschlossenen Küstengebiete und der Inseln an größere Zentren. Besondere Bedeutung kommt dabei im dargestellten Bereich Kisumu als Bahnstation zu (s. *Tab. 13*). Umschlagsangaben des Hafens von Jinja sind nicht verfügbar. Kikwayu ist der kleinste aller dargestellten Hafenstandorte; umgeschlagen werden überwiegend Rohstoffe und Erzeugnisse kleinerer Betriebe der Holzindustrie). Wichtigste Transportgüter sind dementsprechend regionale Agrarprodukte (z. B. Rinder, Mais, Hirse, Kaffee, am tanzanischen Ufer auch Baumwolle) einerseits sowie Treibstoffe, Düngemittel und Ausrüstungs- und Konsumgüter zur Versorgung andererseits.

Bezüglich des Flugverkehrs (weitere Angaben s. auch *Kap. 4.3.4*) zeigt die Karte E 13 die durchschnittliche Anzahl der täglichen Starts je Flughafen und die Anzahl der angebotenen Passagierplätze nach Flugrouten, soweit sie sich im Linienverkehr ergeben. Eine Aussage über das tatsächliche Fluggastaufkommen ist damit nicht zu verbinden (s. *Tab. 8*). Dominierend sind die beiden internationalen Flughäfen Nairobi, der zu den größten Afrikas zählt, und Entebbe, der der Hauptstadt Kampala zuzuordnen ist. Der weitaus größte Teil ihres Flugverkehrsaufkommens ergibt sich mit dem (nichtostafrikani-

Tabelle 14 Internationale Direktflüge (nach dem Zielflughafen, ohne Zwischenlandeplätze) von Nairobi und Entebbe (Februar 1970)

Nairobi	Zielflughafen (Flüge pro Woche)																									
Fluggesellschaft	London	Frankfurt/M.	Kopenhagen	Zürich	Paris	Amsterdam	Brüssel	Rom	Athen	Bombay	Honkong	New York	Kairo	Tel Aviv	Johannesburg	Lusaka	Blantyre	Kinshasa	Accra	Addis Abeba	Tananarivo	Mogadishu	Mauritius	Chartum	Bujumbura	Kigali	insgesamt
British Airways	16														8								1				25
East African Airways	8		1							1	2		1			1	2	1	1	2		1			1	1	23
Zambia Airways	1															3		2									6
Ethiopian Airlines		1						2											1	1							5
Alitalia								2							1	1					1						5
Olympic Airways									2						2												4
Air India										3																	3
Air France					1																1		1				3
Lufthansa		1													1												2
Swissair				1											1												2
Scandinavian Airlines			1												1												2
British Caledonian Airways	2																										2
Air Madagascar																					1						1
Somali Airlines																						1					1
El Al Israel Airlines														1													1
Sudan Airways																								1			1
Egyptair													1														1
Pan American World Airways												1															1
Trans World Airlines												1															1
KLM-Royal Dutch Airlines						1																					1
Sabena-Belgian Airlines							1																				1
insgesamt	27	2	2	1	1	1	1	4	2	4	2	2	2	1	14	5	2	3	2	3	3	2	2	1	1	1	91

Entebbe

Zielflughafen (Flüge pro Woche)

Fluggesellschaft	London	Brüssel	Kopenhagen	Paris	Amsterdam	Frankfurt/M.	Rom	Moskau	Honkong	Bombay	New York	Kairo	Johannesburg	Lusaka	Kinshasa	Accra	Chartum	Tananarivo	Mauritius	Bujumbura	Kigali	Insgesamt
East African Airways	3		1						4			1		1	1	1				1	1	14
British Airways	4												3						1			8
British Caledonian Airways	4													1								5
Sabena-Belgian Airlines		3																				3
Alitalia							1						1									2
Ethiopian Airlines							1									1						2
Zambia Airways															2							2
Scandinavian Airlines			1										1									2
Air France				1														1				2
Pan American World Airways											1											1
Trans World Airlines											1											1
KLM-Royal Dutch Airlines					1																	1
Sudan Airways																	1					1
Egyptair												1										1
Lufthansa						1																1
Aeroflot-Soviet Airlines								1														1
Air India										1												1
insgesamt	11	3	2	1	1	1	2	1	4	1	2	2	5	2	3	2	1	1	1	1	1	48

Quelle: ABC World Airways Guide 1970

Tabelle 15 Ausgewählte Daten zur neueren Entwicklung des Verkehrsaufkommens in Ostafrika

Straßenverkehr

Jahr	Bestand an Kraftfahrzeugen (1 000)					
	Kenya		Uganda		Tanzania	
	Pkw[a]	Nutzfahrzeuge	Pkw[a]	Nutzfahrzeuge	Pkw	Nutzfahrzeuge
1971	104,5	19,8	25,0	8,3	34,7	38,0
1972	111,7	20,8	26,5	8,6	34,9	37,6
1973	116,9	21,5	26,6	8,6	36,4	39,6
1974	130,9	23,8	27,0	8,9	39,1	42,3

[a] einschließlich leichter Nutzfahrzeuge

Quellen: UN-Statistical Yearbook 1976, S. 486, 497 — UN-Statistical Yearbook 1975, S. 490

Schienenverkehr

Jahr	Nettotonnenkilometer[a] (Mio.) Ostafrika
1971	4 132
1972	3 792
1973	4 442
1974	3 994

[a] nicht vergleichbar mit *Tabelle 2*

Quellen: UN-Statistical Yearbook 1976, S. 482 — UN-Statistical Yearbook 1975, S. 486

Seeverkehr

Internationaler Güterumschlag ostafrikanischer Seehäfen (1 000 t)

Jahr	Mombasa			Dar es Salaam			Tanga			Mtwara		
	an	ab	gesamt	an	ab	gesamt	an	ab	gesamt	an	ab	gesamt
1970	3 582	2 252	5 834	1 511	847	2 358	56	194	250	7	87	94
1971	3 970	2 370	6 340	1 943	756	2 699	90	171	261	33	99	132
1972	3 801	2 121	5 922	2 274	820	3 094	89	144	233	20	145	165
1973	4 173	2 551	6 724	2 391	815	3 206	139	131	270	92	25	117
1975	4 590	1 450	6 040	3 204	684	3 888	219	162	381	72	102	174

Quellen: UN-Statistical Yearbook 1975, S. 501, 502, 519 — UN-Statistical Yearbook 1974, S. 454, 456 — UN-Statistical Yearbook 1972, S. 455 — Hoyle 1978, S. 33

Flugverkehr

Leistung inländischer Fluggesellschaften

			international					insgesamt				
			1970[a]	1971[a]	1972	1973	1974	1970[a]	1971[a]	1972	1973	1974
Kenya	geflogene Kilometer	(Mio.)	3,8	4,1	5,4	8,5	8,7	6,3	6,4	7,3	10,0	10,1
	beförderte Passagiere	(1 000)	53	73	94	245	340	171	188	217	341	440
	Passagierkilometer	(Mio.)	216	239	262	508	675	267	288	316	549	715
	Fracht-Tonnenkilometer	(Mio.)	8,5	8,7	7,9	16,8	18,5	9,4	9,2	8,5	17,0	18,8
Uganda	geflogene Kilometer	(Mio.)	3,8	4,1	4,3	2,8	2,3	6,3	6,4	5,8	2,8	2,3
	beförderte Passagiere	(1 000)	53	73	68	52	75	171	188	165	52	75
	Passagierkilometer	(Mio.)	216	239	260	122	150	267	288	302	122	150
	Fracht-Tonnenkilometer	(Mio.)	8,5	8,7	8,2	7,4	5,2	9,4	9,2	8,7	7,4	5,2
Tanzania	geflogene Kilometer	(Mio.)	3,8	4,1	3,4	1,6	2,0	6,3	6,4	5,4	3,7	4,2
	beförderte Passagiere	(1 000)	53	73	72	131	185	171	188	197	257	335
	Passagierkilometer	(Mio.)	216	239	191	92	115	267	288	242	127	154
	Fracht-Tonnenkilometer	(Mio.)	8,5	8,7	6,1	2,1	2,5	9,4	9,2	6,7	2,6	3,0

[a] bis einschließlich 1971 jeweils ein Drittel des Aufkommens der EAA und der Caspair Ltd.

Quellen: UN-Statistical Yearbook 1975, S. 530 — UN-Statistical Yearbook 1974, S. 486, 488

schen) Ausland. Sie werden von zahlreichen Fluggesellschaften bedient und besitzen Direktverbindungen nach Europa. Asien, Nordamerika und dem übrigen Afrika (s. *Tab. 14*). Die mit Abstand intensivsten Verflechtungen bestehen mit London. Auch sind die außerafrikanischen Verbindungen häufiger als die innerafrikanischen.

5 Neuere Entwicklungen im ostafrikanischen Verkehrswesen

Aussagen über die Entwicklung des ostafrikanischen Verkehrswesens in den siebziger Jahren können nur in sehr begrenztem Umfang gemacht werden. Sie haben aufgrund lückenhafter Informationen nur fragmentarischen Charakter.

Neueren Statistiken zufolge unterlag das Verkehrsaufkommen insgesamt bis in die Mitte der siebziger Jahre einer Weiterentwicklung ohne spektakuläre Veränderungen. Die Angaben der *Tabelle 15* über die Entwicklung ausgewählter Daten des Straßen-, Schienen-, See- und Flugverkehrs mögen Indizien dafür abgeben. Im einzelnen scheinen allerdings, wie auch *Tabelle 5* vermuten läßt, das positive gesamtwirtschaftliche Wachstum in Kenya und Tanzania und die eher stagnierende und schrumpfende Entwicklung in Uganda im Verkehrsaufkommen entsprechende Auswirkungen zu zeitigen.

Als herausragende neue Infrastruktureinrichtungen sind insbesondere die schon erwähnte Tanzambahn und die Pipeline von Mombasa nach Nairobi zu nennen. (Die Tanzambahn scheint allerdings die in sie gesetzten Erwartungen nicht zu erfüllen. Sie wird aufgrund hoher zambischer Frachtschulden und der Überlastung des Hafens von Dar es Salaam heute nur mehr unzureichend genutzt, und Zambia versucht immer mehr Kupferexporte über das südafrikanische Durban zu leiten.) Daneben sind zahlreiche weitere Infrastrukturverbesserungen durchgeführt worden oder in Vorbereitung. Zu letzteren gehören z. B. die schienenmäßige Anbindung der ugandischen Westnil-Provinz, Straßenausbauten im Rahmen des Trans-Africa-Highways (Mombasa—Lagos)und Ausbauten der Flughäfen von Nairobi und Mombasa und der Seehäfen von Mombasa und Dar es Salaam. Sie alle sind im Rahmen einer normalen Weiterentwicklung zu sehen und ihre Realisierungschancen zum gegenwärtigen Zeitpunkt unterschiedlich zu bewerten.

Einen überaus gravierenden Einfluß auf das Verkehrswesen in Ostafrika brachte allerdings das zunächst allmähliche und 1977 schließlich gänzliche Auseinanderfallen der Ostafrikanischen Gemeinschaft. Die Grenzen zwischen Tanzania und Kenya sind seitdem hermetisch abgeriegelt, Handelsbeziehungen und Verkehrsströme versiegt. Zwischen Kenya und Uganda bestehen zwar angesichts der gegenseitigen Abhängigkeit (Kenya ist auf Stromlieferungen aus Uganda angewiesen, Uganda hängt vom Transitverkehr durch Kenya ab) noch Beziehungen. Sie sind aber auf ein Minimum reduziert und alles andere als freundschaftlich. Die früher nicht unbeträchtlichen Güterimporte aus Kenya kann sich die zerrüttete ugandische Volkswirtschaft ohnehin nicht mehr leisten. Statt dessen scheinen sich neue nachbarschaftliche Orientierungen zu entwickeln. Tanzania intensiviert seine Beziehung zu Rwanda und Burundi und Kenya sucht verstärkt wirtschaftlichen Kontakt zur arabischen Welt. Infrastrukturelle Effekte dieser Umorientierungen (Ausbau des Hafens von Kigoma, verbesserte Straßenverbindungen nach Rwanda und Burundi, Neubau einer 1 000 km langen Straße von Kenya in den Sudan unter Umgehung Ugandas) zeichnen sich bereits ab.

Am wohl schwerwiegendsten aber erscheint, daß mit dem Ende der Ostafrikanischen Gemeinschaft auch die gesamte überregionale Organisationsstruktur des Verkehrswesens zerbrach. Die EAR, EAH und EAA wurden aufgelöst, und erste Schritte zum Aufbau eigenständiger nationaler Bahn-, Hafen- und Fluggesellschaften sind schon getan. Die Auswirkung dieser Entwicklung ist im einzelnen noch nicht abzusehen. Z. Zt. sind Auseinandersetzungen über die Aufteilung der Bestände der ehemaligen Gemeinschaftsorganisationen im Gange, nachdem man zuvor in Nacht und Nebel Aktionen versucht hatte, davon soviel als möglich „sicherzustellen".

Literatur- und Kartenverzeichnis

ABC World Airways Guide 1970: T. Skinner u. Co. (Hrsg.). ABC World Airways Guide Nr. 428. London Febr. 1970.

Afrika-Kartenwerk. Herausgegeben im Auftrage der Deutschen Forschungsgemeinschaft von U. Freitag, K. Kayser, W. Manshard, H. Mensching, L. Schätzl, J. H. Schultze.

Serie N: Nordafrika (Tunesien, Algerien). 32° — 37° 30' N, 6° — 12° E.

— Blatt 13: Verkehrsgeographie. Autor: Arnold, A. (im Druck).

Serie W: Westafrika (Nigeria, Kamerun). 4° — 8° N, 3° 15' — 9° 30' E.

— Blatt 13: Verkehrsgeographie. Autor: Freitag, U. (im Druck).

Serie E: Ostafrika (Kenya, Uganda, Tanzania). 2° N — 2° S, 32° — 38° E.

— Blatt 12: Wirtschaftsgeographie. Autoren: Ruppert, H.-R. P.; & Weigt, E. Berlin-Stuttgart. 1976.

— Blatt 1: Topographie. Autoren: Bader, F. J. W.; & Hecklau, H. Berlin·Stuttgart. 1977.

— Blatt 13: Verkehrsgeographie. Autoren: Ruppert, H.-R. P.; & Weigt, E. (im Druck).

Serie S: Südafrika (Moçambique, Swaziland, Republik Südafrika). 23° 10' — 26° 52' S, 29° 50' — 35° 40' E.

— Blatt 13: Verkehrsgeographie. Autoren: Cech, D.; & Matznetter, J. (im Druck).

Arnold, A.: s. Afrika-Kartenwerk, Serie N, Blatt 13.

Bader, F. J. W.; Hecklau, H.: s. Afrika-Kartenwerk, Serie E, Blatt 1.

Cech, D.; Matznetter, J.: s. Afrika-Kartenwerk, Serie S, Blatt 13.

EATS 1969 a: The Economist Intelligence Unit Ltd.; Freeman, Fox, W. Smith and Ass. East Africa Transport Study. Vol. 1. Summary and Recommendations. London.

— 1969 b: Vol. 2. The Transport System. London.

— 1969 c: Vol. 3. Demand for Transport. Part A. General. London.

— 1969 d: Vol. 3. The Demand for Transport. Part B. Kenya. London.

— 1969 e: Vol. 3. The Demand for Transport. Part C. Tanzania. London.

— 1969 f: Vol. 3. The Demand for Transport. Part D. Uganda. London.

— 1969 g: Vol. 4. Transport Costs. Part A. London.

— 1969 h: Vol. 4. Transport Costs. Part B. London.

— 1969 i: Vol. 5. Transport Pricing and Investment. London.

— 1969 j: Map Volume. London.

Fischer, W. E. 1969: Die Entwicklungsbedingungen Ugandas. München. (Afrika-Studien. 41.)

Freitag, U.: s. Afrika-Kartenwerk, Serie W, Blatt 13.

Funnell, D. C. 1970: Comments on the role of airfreight and exports in East Africa with special reference to Uganda. East African Geographical Review, Nairobi. 8 (1970), S. 61 — 69.

Hazlewood, A. 1964: Rail and Road in East Africa. Oxford.

Hofmeier, R. 1970: Der Beitrag des Verkehrswesens für die wirtschaftliche Entwicklung Tanzanias. München.

Hoyle, B. S. 1963: Recent Changes in the Pattern of East African Railways. Tijdschrift voor Economische en Sociale Geografie, Rotterdam. 54 (1967), S. 237 — 242.

— 1967: The Seaports of East Africa. Kampala.

— 1978: African Politics and Port Expansion at Dar es Salaam. The Geographical Review, Richmond/Virginia. 68 (1978), S. 31 — 50.

Jane's World Railways 1976: P. J. Goldsack (Hrsg.). London.

Kenya Traffic Census: Stand 1968/69. (Unveröffentlichte Stichprobenzählungen.)

Länderkurzberichte Kenia 1973: Statistisches Bundesamt Wiesbaden. Länderkurzberichte Kenia 1973. Allgemeine Statistik des Auslandes. Stuttgart u. Mainz.

— 1976: Statistisches Bundesamt Wiesbaden. Länderkurzberichte Kenia 1976. Allgemeine Statistik des Auslandes. Stuttgart u. Mainz.

Länderkurzberichte Tansania 1976: Statistisches Bundesamt Wiesbaden. Länderkurzberichte Tansania 1976. Allgemeine Statistik des Auslandes. Stuttgart u. Mainz.

Länderkurzberichte Uganda 1976: Statistisches Bundesamt Wiesbaden. Länderkurzberichte Uganda 1976. Allgemeine Statistik des Auslandes. Stuttgart u. Mainz.

Morgan W. T. W. 1973: East Africa. London.

Obst, J. 1977: Flugverkehr und Flugmeldeverkehr als Indikatoren für regionale Verflechtungsmuster am Beispiel von Afrika. Aus: Studien zur Allgemeinen und Regionalen Geographie. Frankfurter Wirtschafts- und Sozialgeographische Schriften. Frankfurt. 26 (1977), S. 347—379.

O'Connor, A. M. 1965: Railways and Development in Uganda. Nairobi.

Ruppert, H.-R. P. 1974: Zur Bedeutung der Verkehrserschließung in Entwicklungsländern. Zeitschrift für Wirtschaftsgeographie, Hagen. 18 (1974), S. 217—220.

Ruppert, H.-R. P.; Weigt, E. 1976: s. Afrika-Kartenwerk, Serie E, Blatt 12.

— s. Afrika-Kartenwerk, Serie E, Blatt 13.

Uganda Traffic Census: Stand 1968/69. (Unveröffentlichte Stichprobenzählungen.)

UN-International Trade Statistics 1970—1971: Department of Economic and Social Affairs. Statistical Office of the United Nations. Yearbook of International Trade Statistics 1970—1971. New York 1973.

— 1975: Department of Economic and Social Affairs. Statistical Office of the United Nations. Yearbook of International Trade Statistics 1975. Vol. I. New York 1976.

UN-National Accounts Statistics 1975: Department of Economic and Social Affairs. Statistical Office of the United Nations. Yearbook of National Accounts Statistics 1975. Vol. III. New York 1976.

UN-Statistical Yearbook 1972: Department of Economic and Social Affairs. Statistical Office of the United Nations. Statistical Yearbook 1972. New York 1973.

— 1975: Department of Economic and Social Affairs. Statistical Office of the United Nations. Statistical Yearbook 1975. New York 1976.

— 1976: Department of Economic and Social Affairs. Statistical Office of the United Nations. Statistical Yearbook 1976. New York 1977.

Weigt, E. 1964: Wirtschaftliche und soziale Probleme der neuen Staaten Ostafrikas. Aus: Weigt, E. 1964: Beiträge zur Entwicklungspolitik in Afrika. Köln. Opladen. S. 50—125.

Weigt, E. 1971: Die ostafrikanischen Seen, Wasserstandsschwankungen und wirtschaftliche Nutzung. Aus: Forschungen zur Allgemeinen und Regionalen Geographie. Festschrift für Kurt Kayser. Kölner Geographische Arbeiten. Sonderband. Wiesbaden. S. 339—372.

Summary

This paper is intended principally as a supplement to Sheet 13 of Series E of the AFRIKA-KARTENWERK and will be published in 1981 (by Gebrüder Borntraeger Verlagsbuchhandlung, Berlin · Stuttgart) under the title: "Afrika-Kartenwerk, Series E East Africa (Kenya, Uganda, Tanzania), Sheet E 13 Transportation Geography". The Map was produced by E. WEIGT and the author of this supplement.

It is typical of the structures and processes of the geography of communications that they, perhaps more than others, are entrenched in the spatial and organisational features of the whole economy. This is why it would be of little consequence to consider the section of Map E 13 in isolation; the organisation and the processes involved in communications can only be explained in relation to the larger surrounding area. For this reason the supplement usually includes a framework of reference which exceeds the area represented in Map E 13. The author has not restricted himself purely to discussing the Map content but has tried to consider, at least in broad outline, the spatial organisation and structure of the traffic system of East Africa as a whole.

After some preliminary remarks *(Chapter 1)* information is given about the Map in general, about the section represented and the Map content as well as about the acquisition, date and quality of the data used *(Chapter 2)*. There then follows a survey of the most important forms of traffic in East Africa and about the position of the traffic sector in the East African economies *(Chapter 3)*. *Chapter 4* describes the development and the spatial pattern as well as the service capacity and actual volume of the infrastructure and transport systems. *Chapter 4.4* deals in particular with the traffic in the area of Map E 13. In *Chapter 5*, the final chapter, an attempt is made to show more recent developments in the East African traffic system.

This summary reproduces only the contents referred to directly in Map E 13 *(Chapter 4.4)*, partly in abridged form.

Sheet E 13 of the AFRIKA-KARTENWERK represents locations and routes of the traffic infrastructure for a section of the whole East African traffic system and provides data about the intensity of streams of traffic and the actual volume of transport facilities. The areas considered are essentially those around and between Nairobi and Kampala i.e. the economically most important regions of Kenya and Uganda.

As for railways, the Map covers the western section of the Kenya-Uganda railway from Mombasa to Kampala. The main axis of this railway crosses the Map area from southeast to northwest and is connected to the Tanzanian central railway via the rail ferries of Lake Victoria. Subsidiary lines branch off from this main line to central places of the agricultural areas in the Kenyan Highlands (Nanyuki, Thomson's Falls, Kitale), in the northeast of Uganda (leaving the upper map edge in the direction of Pakwach), to Lake Victoria (harbour of Kisumu and the surrounding agricultural area) and to the soda areas of Lake Magadi. Westwards (leaving the Map) the main line continues and connects the copper-mining area of Kilembe as far as Kasese.

Figure 2 and *Tables 10—12* are intended to provide more precise analysis of the volume of freight traffic on the railways, as represented in the Map. See *Table 6* for the train frequency on the railways.

Figure 2 contains a list and balance of the trade goods[1] transported in the Map area according to approximate origin and destination areas. From this the significance of two overlapping functions of the railways becomes obvious. Rail transport is used only to a smaller extent for the exchange of goods between the towns or between town and country within the Map area (total transport of goods with destination and origin area in the Map section = approx. 1.3 mill. tons per annum). The total volume of freight coming from and going outside the Map section is almost double (approx. 2.4 mill. tons per annum). These data illustrate the principal function of the railways of connecting the Map area, with its import and export dependence, to the coast and particularly to the port of Mombasa. This was shown clearly in Map E 13 by the line width of the "mountain" as well as "valley traffic" which grows with increasing proximity to the coast. This line width shows for example at the bottom right-hand edge of the Map an incoming freight total of about 1.8 mill. tons and an outgoing freight total of about 1.0 mill. tons. On arrival at Kampala the stream of goods only amounts to approximately 0.5 and 0.4 mill. tons respectively. On the subsidiary routes the freight totals are usually (exception is Kisumu-Nakuru) below the threshold value of 0.2 mill. tons (see also *Table 11*).

Table 10 contains the quantities of selected groups of goods transported between "traffic zones" of the main line. These represent about 70 % of all transported goods. For some groups of goods there is a pronounced „valley orientation" (e.g. coffee, cotton) and for others a clear "mountain orientation" (e.g. fuel, machines, transport goods). Other groups of goods are partly or very clearly orientated to local centres of consumption or processing (e.g. live animals, cereals, sugar). The differentiation according to goods and the quantitative composition of the streams of goods reflect the characteristics of the foreign trade structure of the countries and the significance and structure of the inner and outer interdependence of the Map area. When the composition of the streams of goods on the main line is still relatively varied, the branch lines usually show stronger specialisation, which results predominantly from the regional agricultural and mining production conditions and the need for energy and fertilisers (see *Table 11*). The freight totals at individual stations cannot be seen from Map E 13. These totals have therefore been listed separately in *Table 12* for the most important freight locations, which are ofcourse the larger towns as centres of processing and consumption (also: Magadi).

Unlike rail traffic, which serves supra-regional long-distance communication, road traffic has more the function of connecting rural areas to the centres and linking towns to one another. Traffic density is particularly high in the areas around larger towns, as well as between larger towns when intervening distances are short. The capital cities of Nairobi and Kampala naturally dominate as places of centrality. In the case of smaller places the interdependence with the surrounding areas is only vaguely distinguishable (Kisumu, Kitale). The influence of inter-city connections is visible on the routes Kampala-Entebbe,

[1] On the other hand, the volume of *all* goods is recorded in the Map. Trade goods represent about 80—85 % of this total.

Kampala-Jinja, Tororo-Mbale or Nairobi-Thika. Over larger distances roads have no marked bridging function. Thus the Nairobi-Kampala axis has no prominent streams of road traffic, and the road which leaves Nairobi in the southeast and connects the Map area to the coast at Mombasa shows only a modest frequency of vehicles, 170 per day (on the edge of the Map). The number of vehicles using the roads decreases rapidly with increasing distance from the large towns and railway connections, and this number usually drops below the minimum recording level at a distance of about 100 km at most. No differentiation according to type of vehicle was made in Map E 13. This differentiated structure likewise shows a very clear dependence on distance from larger centres and the railway lines competing with the roads. In Kenya the proportion of heavy traffic (buses and lorries) in relation to the total number of vehicles using the road directly along the main axis and on all other routes parallel to the railway line, is usually between 20 and 30 %, occasionally also slightly less, but never more than 40 %. The relative significance of bus and lorry traffic increases rapidly on roads which open up new land. Up to a distance of about 50 km from larger towns and railway connections, the proportion is usually between 40 and 50 %. At a greater distance it often increases even more. In the Ugandan section of the Map the relative importance of heavy traffic is on the whole less in view of the predominantly inter-city network with a higher percentage of cars and roads parallel to the railway line. In the case of roads which branch off from the main axis and penetrate into the land where no railways have been built, a similar basic structure can however be observed.

As for inland shipping, the Map shows the cargo volume in the northern and eastern parts of Lake Victoria, in as far as it is handled by ships of the EAH. The organisation, frequency and capacity of the inland shipping are explained in *Chapter 4.3.3.1* Reference can be made to *Table 13* for passenger traffic which is on a fairly large scale, especially in the Kavirondo Gulf area and also on the bigger lines.

For the transport of goods there are two transport systems, the rail ferries and traditional shipping. The function of the rail ferries is primarily to connect the Kenya-Uganda railway to the Tanzanian central railway. On the one hand the exchange of capacities is thereby alleviated according to the varying peak times on both lines. On the other hand the rail ferries open up a second railway connection to the Indian Ocean for both Uganda and the north of Tanzania (especially where there is congestion). The ferries thus serve long-distance traffic and not the bridging of the traffic gap between the coastal places of Lake Victoria. In comparison to the quantities transported over land by rail, this shipment volume is of no significance. It does however amount to about a third of all cargo shipments on Lake Victoria (in 1967, that is in the first year of operation of the ferries). The principal ferry lines are Kisumu-Mwanza and Jinja-Mwanza (see *Table 13*). The amount of cargo on the only sporadically used route Kisumu-Jinja is insignificant.

By far the largest part of the cargo on Lake Victoria is transported by smaller motor boats and tugs. Their function is partly to connect the larger coastal places, but mainly to join the coastal areas, with their poor traffic system landwards, as well as the islands to larger centres. So Kisumu as a railway station occupies a special role (see *Table 13*). Thus the most important transport goods are on the one hand regional agricultural products

(e. g. cattle, maize, millet, coffee, on the Tanzanian bank also cotton) and on the other hand, fuel, fertilisers, equipment and consumer goods.

As for air traffic, (for further information see also *Chapter 4.3.4*) Map E 13 shows the average number of passenger seats offered according to flight routes of regular flight traffic. A statement about the actual numbers of passengers cannot be made on this basis (see *Table 8*). The most important airports are those of Nairobi, which is among the largest in Africa, and Entebbe, which is attached to the capital of Kampala. By far the greatest amount of their air traffic is with foreign (and not East African) countries. These airports are used by numerous air companies and have direct connections with Europe, Asia, North America and the rest of Africa (see *Table 14*). By far the most intensive air traffic is with London. Connections with countries outside Africa are more frequent than with other African countries.

Résumé

Le présent fascicule a été conçu en premier lieu en tant que monographie à la feuille 13 de la série E de l'Afrika-Kartenwerk. Cette feuille paraîtra en 1981 (à la librairie d'édition des Gebrüder Borntraeger, Berlin·Stuttgart) sous le titre: «Afrika-Kartenwerk, Serie E Ostafrika (Kenya, Uganda, Tanzania), Blatt 13 Verkehrsgeographie» (Afrika-Kartenwerk, série E Afrique orientale (Kenya, Ouganda, Tanzanie), feuille 13 Géographie des transports). Les auteurs de la carte sont E. Weigt et l'auteur de cette monographie.

Il est un trait caractéristique des structures et des processus de la géographie des transports qu'ils sont compris, peut-être plus que d'autres, dans des rapports économiques d'ensemble du genre spatial et organisateur. L'étude isolée de l'espace partiel représenté sur la carte E 13 n'est possible que sous certaines réserves. L'organisation et le déroulement du trafic restent incompréhensibles si on ne les rattachent pas à l'espace environnant plus grand. C'est pourquoi le fascicule présent recherche le plus souvent un plan de rapport qui dépasse la zone représentée sur la carte E 13. Il ne se limite pas seulement à ménager une discussion des contenus de la carte mais essaie aussi, au moins dans les grandes lignes, de saisir l'organisation et la structure spatiales des transports en Afrique orientale dans son ensemble.

Au début de la monographie on donne d'abord, après quelques remarques préliminaires *(chapitre 1)*, des informations sur la carte en général, sur la section représentée et sur le contenu de la carte ainsi que sur la recherche, l'état et la valeur des données utilisées *(chapitre 2)*. A cela s'ajoute un aperçu sur les genres de trafic les plus importants et sur la place qu'occupe le secteur des transports dans l'économie nationale des pays de l'Afrique orientale *(chapitre 3)*. Le *chapitre 4* qui suit, décrit le développement et les modèles spatiaux ainsi que l'éventail des prestations et la charge de l'infrastructure des communications et des systèmes de transport. Dans le *chapitre 4.4* on traite plus spécialement du débit du trafic dans la zone représentée sur la carte E 13. Au *chapitre 5* final on essaie de démontrer des développements plus récents dans le domaine des transports en Afrique orientale.

Ce résumé traduit seulement les contenus se référant directement à la carte E 13 *(chapitre 4.4)*, en partie cependant, sous une forme abrégée.

Le feuille E 13 de l'Afrika-Kartenwerk représente, pour une partie du système des transports de l'ensemble de l'Afrique orientale, des emplacements et des tracés de l'infrastructure des communications, et donne des renseignements sur l'intensité des flux du trafic et le poids du trafic sur des installations des transports. Dans cette étude sont comprises essentiellement les régions situées autour et entre Nairobi et Kampala, c'est à dire les zones du Kenya et de l'Ouganda les plus importantes du point de vue économique.

Quant aux lignes de chemin de fer, la carte montre la partie ouest de la voie ferrée Kenya-Ouganda, de Mombasa à Kampala, voie ferrée dont l'axe central traverse la zone représentée du sud-est en nord-ouest et qui est reliée à la voie ferrée centrale de la Tanzanie par les ferry-boats du lac Victoria. De cette ligne principale bifurquent des lignes secondaires vers les localités centrales des régions agricoles, sur les hauts plateaux du Kenya (Nanyuki, Thomson's Falls, Kitale), vers le nord-est de l'Ouganda (continue audelà du bord supérieur de la carte en direction de Pakwach), vers le lac Victoria (port de Kisumu et région agricole environnante) et vers les gisements de soude du lac Magadi. La ligne principale continue vers l'ouest (en dehors de la carte) jusqu'à Kasese rejoignant ainsi la région des mines de cuivre de Kilembe.

Pour une analyse plus précise des flux du trafic de marchandises empruntant les voies ferrées et représentés sur la carte, la *figure 2* et les *tableaux 10* à *12* peuvent être utilisés. Pour la fréquence d'utilisation des voies ferrées voir *tableau 6*.

La *figure 2* dresse un tableau et un bilan des marchandises transbordées[1] dans la zone représentée d'après, en gros, les régions d'origine et les zones de destination (en laissant de côté la Tanzanie). De cela ressort la signification de deux fonctions du chemin de fer qui se superposent. Il sert dans une moindre partie seulement à l'échange des biens économiques entre les villes et entre la ville et la campagne à l'intérieur de la zone représentée (le mouvement des marchandises dont la zone d'origine et de destination se trouve à l'intérieur de la carte, s'élève à environ 1,3 Mill. de to par an). Le mouvement vers et en provenance de l'extérieur est presque deux fois plus important (environ 2,4 Mill. de to par an). Il rend plus clair essentiellement la fonction principale du chemin de fer qui est de relier la zone représentée, compte tenu de sa dépendance du point de vue de l'import et de l'export, à la côte, en particulier au port de Mombasa. Sur la carte E 13 cela est rendu plus clair par la largeur de la bande qui s'élargit à l'approche de la côte aussi bien vers «l'amont» que vers «l'aval». Cette bande représente p. ex. au bord inférieur droit de la carte un afflux d'un volume global de marchandises de 1,8 Mill. de to environ et un écoulement d'un volume global de marchandises de 1,0 Mill de to environ. A leur arrivée à Kampala, ces flux de marchandises ne s'élèvent plus respectivement qu'à 0,5 Mill. de to et 0,4 Mill. de to approx. Sur les voies secondaires, les volumes de marchandises sont en général (excepté Kisumu-Nakuru) au-dessous de la valeur-seuil de 0,2 Mill. de to (voir aussi *Tab. 11*).

Dans le *tableau 10* figurent les quantités des catégories selectionnées de marchandises transportées entre des «zones de trafic» de la ligne principale. Celles-ci représentent environ 70 % de l'ensemble des biens économiques transportés. Pour quelques catégories de marchandises il ressort clairement une «orientation vers l'aval» (p. ex. café, coton) et pour quelques autres une «orientation vers l'amont» (p. ex. combustibles, machines, biens de transport). D'autres catégories de marchandises s'orientent en partie ou très fortement vers les centres régionaux de consommation ou de transformation (p. ex. animaux sur pied, céréales, sucre). La différenciation par catégories de marchandises et la composition quantitative des flux des marchandises reflètent les caractéristiques de la structure du commerce extérieur des pays ainsi que l'importance et la structure de l'imbrication interne et externe dans la zone représentée. Si la composition des flux de marchandises sur la ligne principale est relativement diversifiée, il n'en demeure pas moins que les voies ferrées secondaires montrent le plus souvent une plus forte spécialisation qui résulte surtout des données de production régionales agricoles et minières et du besoin en supports énergétiques et en engrais chimiques (voir *Tab. 11*). Le mouvement de marchandises dans certaines gares ne ressort pas de la carte E 13. C'est pourquoi il en a été fait état séparément au *tableau 12* pour les places de transbordement les plus importantes qui sont normalement

[1] Contrairement à cela, sont représentés sur la carte les flux de tous les biens économiques. Les marchandises y figurent pour un quota de 80 à 85 % environ.

les plus grandes villes en tant que centres de transformation et de consommation (en plus: Magadi).

Contrairement au trafic ferroviaire, le trafic routier sert moins de communications à grandes distances supra-régionales que pour rattacher les régions rurales aux centres et de relier les villes entre elles. Une forte densité de trafic est atteinte particulièrement dans la zone d'influence immédiate des plus grandes villes de même qu'entre de plus grandes villes dans la mesure où il n'y a pas de longues distances à surmonter. En tant que centres, dont la force d'attraction et de rayonnement se fait sentir particulièrement, les capitales Nairobi et Kampala se détachent tout naturellement. Pour les localités moins grandes, l'interconnexion avec la zone d'influence ne ressort que d'une manière relative (Kisumu, Kitale). L'influence des relations inter-villes ne se fait sentir p. ex. que sur les trajets Kampala-Entebbe, Kampala-Jinja, Tororo-Mbale ou bien Nairobi-Thika. Sur de plus grandes distances, la route n'occupe pas de forte fonction de liaison. Ainsi l'axe Nairobi-Kampala n'est pas marquée par des flux de trafic routier, et la route qui quitte Nairobi au sud-est et qui représente la liaison de la zone décrite avec la côte, vers Mombasa, n'atteint, avec environ 170 véhicules automobiles par jour (au bord de la carte), qu'une modeste fréquence de circulation. Dans l'ensemble la fréquence d'utilisation des routes diminue rapidement au fur et à mesure qu'on s'éloigne des grandes villes et des voies ferrées et tombe en règle générale au plus loin à une distance d'environ 100 km au-dessous du seuil de recensement. Il n'a pas été fait dans la carte E 13 de différenciation entre les catégories de véhicules. La structure s'y rapportant montre également une très claire dépendance de l'éloignement des plus grands centres et des voies ferrées qui se trouvent en concurrence avec la route. Au Kenya, la part des poids lourds (autobus et camions) dans la fréquence globale d'utilisation directement le long de l'axe principal et sur tous les autres trajets parallèles aux voies ferrées se situe le plus souvent entre 20 et 30 %, parfois légèrement au-dessous, mais jamais au-dessus de 40 %. Sur des routes qui partent de ces axes et qui mettent en valeur le pays, l'importance relative du trafic d'autobus et de camions augmente rapidement. Jusqu'à une distance d'environ 50 km des plus grandes villes et des liaisons ferroviaires, la part de ce trafic se situe le plus souvent entre 40 et 50 %. A une plus grande distance, ce quota augmente souvent encore plus. Dans la partie ougandaise de la zone représentée, l'importance relative du trafic des poids lourds est inférieur dans l'ensemble, étant donné les inter-connexions urbaines avec un plus grand nombre de voitures de tourisme et en même temps l'existance d'un tracé de routes parallèle aux voies ferrées. Sur des routes qui bifurquent de l'axe principal et qui pénètrent dans l'espace non encore mis en valeur par des voies ferrées une structure de base similaire peut être également démontrée.

Pour le trafic fluvial, la carte montre le débit du trafic de marchandises dans la partie nord et est du lac Victoria, dans la mesure où ce trafic a été assuré par les bateaux de la EAH. Le mode de fontionnement du trafic fluvial, sa fréquence et ses capacités sont exposés essentiellement au *chapitre 4.3.3.1* Quant au trafic de voyageurs il atteint pourtant des proportions respectables, particulièrement dans la zone du Golfe de Kavirondo mais aussi sur les plus grandes lignes, voir aussi *tableau 13.*

Pour le trafic de marchandises il existe deux systèmes de transport, à savoir, les ferry-boats et le trafic traditonnel par bateaux. Les ferry-boats ont pour fonction première de relier la voie ferrée Kenya-Ouganda à la voie ferrée centrale de la Tanzanie. Par cela, l'échange de capacités est, d'une part, facilité, étant donné les heures différentes de charge de pointe sur les deux voies ferrées, d'autre part, ils offrent aussi bien à l'Ouganda qu'au nord de la Tanzanie (particulièrement lors des surcharges des voies) une deuxième voie ferrée vers l'Océan Indien. Les ferry-boats servent de ce fait pour le trafic à grande distance et non pour couvrir les besoins du trafic entre les localités côtières du lac Victoria. Le volume transporté est absolument insignifiant en comparaison avec les quantités normalement transportées par les voies ferrées sur terre ferme. Il représente toutefois (1967 c'est à dire au cours de la première année après mise en service des ferry-boats) un tiers environ de tous les transports de marchandises effectués sur le lac Victoria. Les lignes principales des ferry-boats sont: Kisumu-Mwanza et Jinja-Mwanza (voir *Tab. 13*). Le débit de fret est insignifiant sur le trajet Kisumu-Jinja qui est seulement sporadiquement emprunté.

La plus grande partie du transport de marchandises est de loin celle qui est effectuée par des bateaux à moteur plus petits et par des péniches. Leur fonction est en partie non seulement celle de relier les plus grandes localités côtières entre elles, mais surtout de raccorder les îles et les régions côtières, insuffisamment desservies par des voies de communication sur terre ferme, à des centres plus importants. Dans cela, une place particulière revient, dans la zone représentée, à Kisumu en tant que station de chemin de fer (voir *Tab. 13*). Les plus importantes marchandises transbordées sont par conséquent des produits agricoles régionaux d'une part, (p. ex. bétail, maïs, mil, café, et sur la rive tanzanienne aussi du coton) ainsi que des carburants, des engrais chimiques et des biens d'équipement et de consommation pour l'approvisionnement, d'autre part.

Quant au trafic aérien (pour d'autres informations voir aussi *chapitre 4.3.4*) la carte E 13 montre le nombre moyen de décollages quotidiens par aéroport et le chiffre de places de passagers d'après les itinéraires aériens autant que ceux-ci ressortent dans le trafic de lignes régulières. De ce qui précède, on ne peut pourtant pas tirer de conclusion quant au nombre de passagers réellement transportés (voir *Tab. 8*). Une place prédominante est occupée par les deux aéroports internationaux, Nairobi, qui compte parmi les plus grands d'Afrique, et Entebbe qui peut être considéré comme aéroport de la capitale Kampala. La partie de loin la plus importante du trafic aérien se fait avec l'étranger (les pays de l'est africain non compris). Ces deux aéroports sont desservis par de nombreuses compagnies aériennes et possèdent des liaisons directes avec l'Europe, l'Asie, l'Amérique du Nord et le reste de l'Afrique (voir *Tab. 14*). Les inter-dépendances, de loin les plus intensives, existent avec Londres. Les liaisons avec les pays en dehors de l'Afrique sont aussi plus fréquentes que celles existant avec les pays africains.

AFRIKA - KARTENWERK

Serie N: Nordafrika (Tunesien, Algerien)
Series N: North Africa (Tunisia, Algeria)
Série N: Afrique du Nord (Tunisie, Algérie)

Serie W: Westafrika (Nigeria, Kamerun)
Series W: West Africa (Nigeria, Cameroon)
Série W: Afrique occidentale (Nigéria, Cameroun)

Serie E: Ostafrika (Kenya, Uganda, Tanzania)
Series E: East Africa (Kenya, Uganda, Tanzania)
Série E: Afrique orientale (Kenya, Ouganda, Tanzanie)

Serie S: Südafrika (Moçambique, Swaziland, Republik Südafrika)
Series S: South Africa (Mozambique, Swaziland, Republic of South Africa)
Série S: África do Sul (Moçambique, Suazilândia, República da África do Sul)

Karten und Beihefte — Maps and monographs — Cartes et monographies

Blatt		Sheet	Feuille
1	Topographie	Topography	Topographie
2	Geomorphologie	Geomorphology	Géomorphologie
3	Geologie	Geology	Géologie
4	Bodenkunde	Pedology	Pédologie
5	Klimageographie	Geography of Climates	Géographie des climats
6	Hydrogeographie	Hydrogeography	Hydrogéographie
7	Vegetationsgeographie	Vegetation Geography	Géographie végétale
8	Bevölkerungsgeographie	Population Geography	Géographie de la population
9	Siedlungsgeographie	Settlement Geography	Géographie de l'habitat
10	Ethnographie/Linguistik	Ethnography/Linguistics	Ethnographie/Linguistique
11	Agrargeographie	Agricultural Geography	Géographie agricole
12	Wirtschaftsgeographie	Economic Geography	Géographie économique
13	Verkehrsgeographie	Transportation Geography	Géographie des transports
14	Geomedizin	Medical Geography	Géographie médicale
15	Historische Geographie	Historical Geography	Géographie historique
16	Historische Siedlungsgeographie	Historical Geography of Settlement	Géographie historique de l'habitat

Zu den Karten N 1, W 1, E 1 und S 1 erscheinen keine Beihefte.
No monographs will be published to sheets N 1, W 1, E 1 and S 1.
Il n'y aura pas de monographies accompagnant les cartes N 1, W 1, E 1 et S 1.